Una nueva fase del Feng shui

"El diamante es el mejor amigo de una mujer", pero no sólo por ser hermoso. Los diamantes y otras gemas han sido usadas a lo largo de la historia por sus poderes de atracción, protección y curación. En nuestro mundo moderno, los relojes y otros aparatos usan las frecuencias vibratorias de los cristales de cuarzo.

El antiguo arte chino del feng shui también emplea cristales para remediar y mejorar áreas específicas de nuestra vida. *Feng shui con Gemas y Cristales* va más allá del uso de los cristales en el feng shui tradicional, incluyendo también otras potentes gemas.

La autora, Sandra Kynes, muestra cómo usar las gemas y el feng shui para atraer energía positiva y contrarrestar la negativa en su espacio vital. La primera parte lo introduce en las gemas y el feng shui, le enseña cómo usar las herramientas del feng shui tradicional, y lo instruye en el uso de las gemas para activar áreas específicas de su espacio vital y de este modo cambiar la vida. La segunda parte incluye un compendio de sesenta y tres diferentes gemas que lo ayudarán a escoger las apropiadas para que realice sus deseos.

Lea este libro, y estará buscando las gemas de su joyero que pueda poner a trabajar en su casa u oficina.

Acerca de la autora

Sandra Kynes es artista e investigadora de culturas que se caracterizan por el culto y la adoración de entidades femeninas y diosas. Entre sus logros se encuentra la creación y enseñanza del seminario llamado "entendiendo el lenguaje de la Diosa", basado en el trabajo de Marija Gimbutas. El trabajo de Kynes con cristales y gemas la condujo a idear la aplicación no tradicional del feng shui con estos minerales. Sus escritos han sido presentados en *Magical Almanacs* y *Spell-a-Day Calendars* de Llewellyn, bajo el nombre de Sedwin.

Correspondencia con la autora

Para contactarse o escribirle a la autora, o para obtener más información sobre este libro, envíe su correspondencia a Llewellyn Español para serle remitida al mismo. La casa editora y el autor agradecen su interés y sus comentarios sobre la lectura de este libro y sus beneficios obtenidos. Llewellyn Español no garantiza que todas las cartas enviadas serán contestadas, pero le asegura que serán remitidas al autor. Por favor escribir a:

Sandra Kynes
℅ Llewellyn Español
P.O. Box 64383, Dep. 0-7387-0267-6
St. Paul, MN 55164-0383, U.S.A.

Incluya un sobre estampillado con su dirección y $US 1.00
para cubrir costos de correo. Fuera de los Estados Unidos
incluya el cupón de correo internacional.

FENG SHUI

CON GEMAS Y CRISTALES

EQUILIBRANDO
LA ENERGÍA
NATURAL

SANDRA KYNES

Traducido al Español por:

Héctor Ramírez y Edgar Rojas

2003
Llewellyn Español
St. Paul, Minnesota 55164-0383, U.S.A.

PRIMERA EDICIÓN
Segunda impresión, 2003

Arte de la portada: © 2002 Photodisc y Aztech New Media Corp
Diseño del interior: Donna Burch
Diseño de la portada: Kevin R. Brown
Edición y coordinación general: Edgar Rojas
Ilustraciones del interior: Dep. de Arte de Llewellyn
Traducción al Español: Héctor Ramírez y Edgar Rojas
Trazado del interior: Alexander Negrete

Library of Congress Cataloging-in-Publication Data.
Biblioteca del Congreso. Información sobre esta publicación.
Kynes, Sandra, 1950-
    [Gemstone feng shui. Spanish]
    Feng shui con gemas y cristales: equilibrando la energía natural / Sandra Kynes; traducido al español por Héctor Ramírez y Edgar Rojas. —1. ed.
    p. cm.
    Includes bibliographical references and index.
    ISBN 0-7387-0267-6
    1. Feng shui. 2. Gems—Miscellanea. 3. Crystals—Miscellanea. I. Title.
    BF1779.F4 .K9518 2002
    133.3'337—dc21

                                                                2002075999

La editorial Llewellyn no participa, endosa o tiene alguna responsabilidad o autoridad concerniente a los negocios y transacciones entre los autores y el público. Las cartas enviadas al autor serán remitidas a su destinatario, pero la editorial no dará a conocer su dirección o número de teléfono, a menos que el autor lo especifique.

La información relacionada al Internet es vigente en el momento de ésta publicación. La casa editorial no garantiza que dicha información permanezca válida en el futuro. Por favor diríjase a la página de Internet de Llewellyn para establecer enlaces con páginas de autores y otras fuentes de información.

Nota: Los antiguos remedios presentados en este libro son referencias históricas utilizadas con propósitos educativos únicamente. Las recetas no se deberán utilizar con fines de lucro. Los contenidos no están destinados a diagnosticar, tratar, prescribir o sustituir las recomendaciones de profesionales legalmente licenciados y autorizados para la práctica en el campo de la salud. Las nuevas recetas deberán ser aplicadas en dósis mínimas para permitir que el cuerpo las asimile.

Llewellyn Español
Una división de Llewellyn Worldwide, Ltd.
P.O. Box 64383, Dep. 0-7387-0267-6
St. Paul, MN 55164-0383, U.S.A.
www.llewellynespanol.com

Impreso en los Estados Unidos de América

*Este libro está dedicado a mi familia
—Jessie Gallagher, Janet Gahring, y Lyle Koehnlein—,
por todo su amor y motivación.*

Contenido

Introducción

Los humanos han sido atraídos por las gemas desde tiempos prehistóricos. Aunque la belleza tiene que ver en el encanto de las piedras (¿quién no queda deslumbrado frente a una radiante gema?), la energía que poseen también ejerce un impacto sobre nosotros.

Así como nos sentimos conectados con otras criaturas, también percibimos la relación con las plantas y rocas de la tierra. Los antiguos habitantes de Europa sentían una fuerte conexión con la energía de la tierra a través de las piedras, y por ello construyeron templos y otras estructuras sobre *líneas de ley* —meridianos de energía que envuelven el planeta—. Actualmente nos maravillamos del ingenio y propósito detrás de Stonehenge y el círculo de Avebury (Inglaterra), las alineaciones en Carnac (Francia), y el largo túmulo de Newgrange (Irlanda).

Las gemas también tienen su lugar en la astrología. Además del uso de las piedras del mes de nacimiento, que ha sido popular en la cultura occidental durante años, las gemas también tienen correspondencias con los días de la semana, las horas del día, e incluso los Ángeles guardianes. El origen de estas correspondencias se remonta a siglos atrás.

Como es mencionado en muchas partes de este libro, los cristales han sido usados para curación en diversas culturas a lo largo de la historia. En años recientes hemos mirado el pasado en busca de sabiduría, y redescubierto las energías curativas en la naturaleza en hierbas, aromas y cristales. Como lo sabían nuestros ancestros y hemos aprendido, las enfermedades pueden no siempre originarse en el cuerpo físico. Nuestros cuerpos sutiles (campos de energía o auras) pueden enfrentar problemas o desequilibrios, y esto puede a su vez manifestarse en el cuerpo físico. Debido a sus orígenes no físicos, estos problemas son difíciles de remediar. Ya que los cristales emiten vibraciones que afectan el flujo de energía, son perfectos para resolver problemas en el cuerpo sutil. Incluso el establecimiento médico moderno está empezando a aceptar y trabajar con terapias alternativas, en combinación con el tratamiento convencional, para así enfrentar las enfermedades en varios niveles.

Industrialmente, las frecuencias vibratorias de los cristales han sido utilizados en relojes y otros mecanismos durante años. Las gemas y cristales también se emplean en teléfonos, televisores y radios. Los microprocesadores de silicio están presentes en los computadores y otros aparatos, y los rubíes son usados en rayos láser. Las gemas y cristales han sido parte integral de nuestras vidas sin que seamos conscientes de ello.

El feng shui tradicional es un enfoque holístico de la vida. Pretende equilibrar las energías de nuestra casa y los entornos de trabajo, mientras trata de mantener un balance con el mundo natural. Como una forma de geomancia, el feng shui se basa en la astrología china y el *I Ching (Libro de cambios)*, que fue escrito aproximadamente hace tres mil años. Usted puede hurgar en el feng shui hasta increíbles profundidades para adivinación y dirección, o simplemente aplicar los principios básicos para crear un entorno saludable en el cual podrá cultivar un aspecto particular de su vida.

Si ya está usando el feng shui o ha hecho terapia con cristales, es consciente del poder de las gemas. El feng shui con gemas simplemente aplica la terapia con piedras y/o cristales en nuestro entorno a través de técnicas del feng shui. No está destinado a reemplazar el feng shui tradicional, pero adapta el uso de varias herramientas para producir cambios. El feng shui con gemas puede ser aplicado por sí solo o utilizado para complementar una práctica de feng shui tradicional.

El feng shui con gemas se enfoca en las propiedades, energías y colores de piedras y cristales para ayudarlo a producir un cambio en su vida. Este libro le mostrará cómo aplicar algunos de los principios del feng shui, en combinación con la sabiduría de las gemas, para ayudarlo a encontrar equilibrio en su vida y una conexión con la tierra.

PARTE UNO

Conectarnos con la energía de la tierra

La tierra es nuestro hogar, nuestra madre. Aunque el estilo de vida del mundo moderno se ha llevado mucho de nuestro contacto con la tierra, no podemos escapar a la influencia que su energía ejerce sobre nosotros. Creados por fuerzas dinámicas, los cristales y las gemas poseen esta energía y pueden ser usados para atraer la vitalidad de los poderes curativos y de armonización que tiene el planeta. Mientras la terapia con cristales provee los medios para utilizar la energía de gemas y cristales, el antiguo arte del feng shui crea un marco para aplicar su poder a nuestro hogar y entorno.

CAPÍTULO UNO

Gemas

Minerales, cristales y rocas

Nada podría ser más cierto que el viejo adagio: la belleza está en los ojos de quien la aprecia. La principal atracción de las gemas son sus colores y sus espléndidas características. Lo que vemos al observar una gema es una onda lumínica que ha sido alterada por la estructura interna de la piedra. Nuestros ojos registran diferentes colores de acuerdo a la longitud de onda. Los atributos químicos y estructurales de una piedra preciosa alteran la luz blanca que pasa a través de ella. Algunas ondas lumínicas son refractadas mientras otras son absorbidas. Entre más alto es el *índice de refracción* (ángulo de luz desviada), más espectacular es el destello. Este es el resultado de cómo la luz entra, pasa y luego sale de la gema (Figura 1.1).

Cuando la luz entra a una piedra, no pasa directamente, es desviada. En una piedra con doble refracción, la luz que entra es dividida y cada rayo es refractado en diferentes ángulos. Esto hace que las facetas de una piedra (tal como el zircón) aparezcan duplicadas. La doble refracción también es responsable del *pleocroísmo*, un efecto por el cual una piedra aparece con un color distinto cuando es observada desde diferentes ángulos.

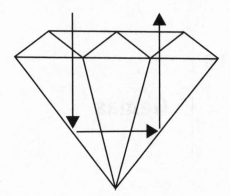

Figura 1.1
La refracción de luz en una gema es lo que la hace brillar.

La composición química y mineral de las piedras no sólo crea sus colores, sino también efectos especiales. Las piedras con estos efectos son conocidas como *fenomenales*. El "ojo de gato" es uno de los efectos más dramáticos. Otro es la "estrella" que puede ser encontrada en zafiros, rubíes y otras piedras preciosas. Algunas gemas producen un fenómeno de cambio de color. Por ejemplo, la alejandrita puede ser verde cuando es vista a la luz del día, pero roja bajo una incandescente bombilla eléctrica. Otras muestran un efecto pleocroico. Una piedra dicroica exhibirá dos colores diferentes, y una tricroica mostrará tres.

Las gemas pueden ser minerales o rocas. Los minerales, componentes naturales de la tierra, tienen una composición química uniforme y estructuralmente separada. Las rocas son conjuntos de estructuras dispares de uno o múltiples minerales. Aunque hay miles de tipos de minerales, sólo cerca de cien son piedras preciosas. Los minerales pueden tener la misma composición química; sin embargo, diferentes condiciones pueden producir estructuras distintas. Por ejemplo, el diamante y el grafito tienen casi la misma composición de carbono, pero las condiciones bajo las cuales son formados producen estructuras atómicas y apariencias drásticamente diferentes.

Básicamente, el feng shui es un método con el que se equilibran las fuerzas dinámicas y siempre cambiantes del mundo natural. Las gemas son apropiadas para el trabajo del feng shui porque son formadas por poderosos procesos naturales. La misma tierra es dinámica y constantemente cambiante. Minerales y rocas continuamente son creados, descompuestos y recreados. Como resultado, las gemas incorporan la energía de los ciclos elementales de creación y destrucción que son utilizados en el feng shui.

La tierra tiene tres capas básicas: *núcleo, manto y corteza*. El núcleo consiste en dos zonas llamadas *núcleo interno y núcleo externo*, el manto se compone de un *manto superior* y uno *inferior* con una *zona de transición* (Figura 1.2).

La corteza de la tierra tiene un espesor aproximado de 30 a 50 kilómetros (19 a 31 millas). Debajo de los océanos su grosor es de 6 a 8 kilómetros (4 a 5 millas). El manto, que es más denso que la corteza, tiene aproximadamente 300 kilómetros (186 millas) de espesor.

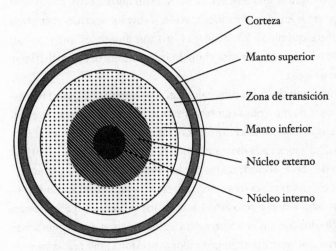

Corteza

Manto superior

Zona de transición

Manto inferior

Núcleo externo

Núcleo interno

Figura 1.2
Las capas de la tierra.

El núcleo, con un radio aproximado de 3.500 kilómetros (2.175 millas), posee una capa líquida —el núcleo externo—. El manto rota lentamente alrededor del núcleo. Con esta presión y calor intensos, la roca es fundida y forma magma. Cuando éste se enfría —debajo de la corteza o en su camino a la superficie— se cristaliza.

Los minerales son formados por medio de cuatro procesos básicos, y algunos se crean por la combinación de estos procesos: (1) cristalización de la roca fundida, (2) precipitación de soluciones acuosas, (3) alteración química, y (4) recristalización.

En el primer proceso —cristalización de roca fundida— los elementos son combinados bajo altas temperaturas. Los minerales se forman mientras los elementos se enfrían. Ejemplos de gemas que son producto de este proceso incluyen el diamante, berilo, peridoto, topacio y zircón.

Como lo sugiere el nombre del segundo proceso —precipitación de soluciones acuosas—, el agua está involucrada en él. El líquido disuelve y mueve elementos químicos de un lugar a otro. Durante el transporte o en su nueva localización, éstos interactúan con otros elementos químicos. El ópalo y el oro son minerales que resultan de este proceso. Realmente el ópalo contiene entre el 3 y el 10 por ciento de agua.

Como químicos, los minerales son sólo estables bajo ciertas condiciones. Los minerales cambian cuando las condiciones se alteran. Un ejemplo de este tercer proceso —alteración química— es la oxidación. La azurita y la malaquita, que tienen un poco más del 50 por ciento de cobre, son formadas por la oxidación de la calcopirita.

En el cuarto proceso —recristalización— los átomos son reformados bajo calor y presión. Cuando los minerales que ya están cristalizados son sujetos a presión y calor intensos una segunda vez (en principio se formaron por calor y presión), una reacción química hace cambiar sus estructuras atómicas. Las gemas que son formadas (reformadas) de esta forma incluyen la diopsida (mineral de color verde claro utilizado en la joyería y con propiedades refractarias), la esmeralda y la kianita.

El proceso de cristalización (y recristalización) ordena átomos en una estructura particular, la cual determina la forma, el color y la dureza del mineral. Aunque los minerales pueden tener la misma composición química, la estructura del cristal creará una gema diferente. Esta diferencia es iniciada a nivel subatómico. Un átomo que se ha convertido en ion (posee una carga eléctrica), ha ganado o perdido uno o más electrones. Esta acumulación o repulsión de electrones es responsable de diferentes estructuras cristalinas.

Las estructuras atómicas crean superficies exteriores simétricas llamadas *caras*. Para formarse, los cristales requieren condiciones en las que tengan espacio para crecer. Aunque hay más de cien formas cristalinas, pueden ser clasificadas en siete categorías de acuerdo a su geometría. Esta geometría está basada en el arreglo de las caras alrededor del centro del cristal. Una línea imaginaria a través del centro es llamada *eje de simetría*. La frecuencia en que el patrón de caras aparece en una revolución completa de la piedra define su categoría. Las categorías son llamadas *sistemas cristalinos*. El primer sistema —isométrico— es el más simétrico. Los otros seis disminuyen en simetría. (Tabla 1.1 y Figura 1.3).

Estos sistemas cristalinos fueron desarrollados inicialmente a finales del siglo XVII cuando se emprendió el estudio de los cristales o cristalografía. Hasta ese tiempo, se creía que los cristales eran una forma de hielo no derretible. La palabra *cristal* proviene del término griego *krystallos*, que a su vez surgió de la palabra *kryos*, la cual significa "frío helado". Esta antigua teoría no es completamente reforzada si consideramos cómo se siente un cristal en la mano —especialmente un gran cristal de cuarzo—. Parece siempre estar frío al tacto.

Las *inclusiones* le dan a las piedras características y personalidad adicionales. Son imperfecciones macroscópicas y microscópicas dentro del cristal. Pueden ser sólidas, líquidas o gaseosas. La nebulosidad de algunos ámbares es causada por burbujas de aire microscópicas. Las inclusiones también pueden ser otros minerales; el rutilo, por ejemplo, es frecuentemente encontrado en el granate y la espinela.

Tabla 1.1—*Sistemas cristalinos*

Categoría	Atributos	Ejemplos
Isométrico	También llamado cúbico; refracción sencilla.	Diamante; fluorita, granate, espinela.
Hexagonal	Uniáxico; doble refracción; puede ser dicroico.	Aguamarina, berilo, esmeralda.
Tetragonal	Uniáxico; doble refracción; puede ser dicroico.	Calcopirita, rutilo, zircón.
Trigonal	Uniáxico; doble refracción; puede ser tricroico.	Dioptasa, cuarzo, rubí, zafiro, turmalina.
Ortorrómbico	Biáxico; doble refracción; puede ser tricroico.	Alejandrita, crisoberilo, peridoto, tanzanita, topacio.
Monoclínico	Biáxico; doble refracción; puede ser tricroico.	Jade, kunzita, malaquita, piedra de la Luna.
Triclínico	Biáxico; doble refracción; puede ser tricroico.	Labradorita, rodonita, turquesa, piedra del Sol.

Algunas gemas que no son creadas dentro de la tierra, provienen de fuentes orgánicas. El ámbar, como muchos apreciaron en la película *Jurassic Park*, es savia fosilizada de antiguos pinos. El coral en forma de árbol proviene del mar Mediterráneo o el océano Pacífico. Las perlas, que también se originan en las profundidades acuáticas, empiezan como irritantes dentro de ostras.

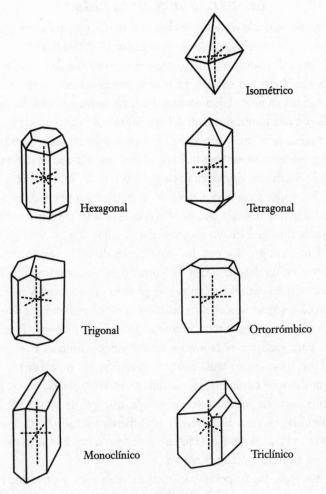

Figura 1.3
Los sistemas cristalinos.

Gemas a lo largo de la historia

La gente ha usado piedras, conchas y otros objetos para adorno personal desde el período paleolítico superior (25000–12000 a. de C.). Abalorios de cornalina y cuarzo datan del año 6000 a. de C. en Mesopotamia.[1] Joyas y talismanes con piedras preciosas fueron encontrados en tumbas en todo el mundo antiguo. En la India, un cinturón excavado de una tumba que data del año 3000 a. de C., contenía ágata, cornalina, jade, jaspe y lapislázuli. Las piedras hermosas eran valoradas y usadas comercialmente. El lapislázuli era utilizado en el comercio de Afganistán hasta Egipto en el 3000 a. de C. Para el 2000 a. de C., los fenicios comercializaban el ámbar báltico por toda el área mediterránea.[2] Estas gemas no sólo eran estimadas por sus atractivos colores, sino también por las propiedades mágicas.

En el antiguo Egipto, las gemas eran dejadas como ofrendas votivas en tumbas de faraones y otras personas importantes. Las joyas egipcias utilizaban coloridas piedras preciosas para resaltar símbolos sagrados tales como el halcón, el Sol y el loto. La cornalina roja simbolizaba renacimiento y era usada en objetos funerarios para ayudar a los fallecidos en el siguiente mundo. El cuerpo del rey Tutankamón tenía en sus vestimentas 143 piezas de joyería y amuletos de cornalina, lapislázuli, jaspe, jade, obsidiana, cuarzo y turquesa. La máscara de oro sólido que cubría su cabeza fue embutida con cornalina, cuarzo, obsidiana y turquesa. Esta última gema y el lapislázuli han sido encontrados en muchas otras cámaras de entierro en toda la región.

En vida, los egipcios bocarteaban malaquita y otras piedras para adicionar color a sus párpados. El lapislázuli fue usado mucho en estatuaria de oro. La *Tríada de Osorkon* (estatua de Horus, Osiris e Isis, hacia 889–866 a. de C.) en el Louvre, París, es un gran ejemplo.[3] El lapislázuli de Afganistán ha sido descubierto en tumbas con una antigüedad de seis mil años en Marruecos y alrededor del mar Báltico.

Los antiguos sumerios utilizaban gemas para decorar altares de dioses y diosas, y para indicar estatus social.[4] Por ejemplo, empleaban ónix y cuarzo para sellos de estado. Estos sellos eran cuidadosamente formados, esculpidos y algunas veces perforados, dando doble servicio como collar. Otras piedras tales como ágata, cornalina, jaspe y obsidiana eran esculpidas en figurillas, copas, abalorios y una serie de objetos para adorno personal.

El uso del jade en China se remonta a hace cuatro mil años. La destreza manual aplicada en los objetos de jade aumentó su valor. Al otro lado del océano en el Nuevo Mundo, los antiguos mejicanos le dieron un mayor valor al jade y la turquesa que al oro.

Las gemas son mencionadas a lo largo de la Biblia. Ésta menciona que las vestiduras usadas por los antiguos sumos sacerdotes incluían un pectoral de doce piedras preciosas. Se creía que éstas aumentaban el poder del sacerdote durante ceremonias sagradas. Ezequiel 28:12–14 describe la toga de Hiram de Tiro: "En Edén, en el huerto de Dios estuviste; de toda piedra preciosa era tu vestidura; de sardio, topacio, diamante, berilo, ónix y jaspe; de zafiro, carbunclo, esmeralda y oro; los primores de tus tamboriles y flautas estuvieron preparados para ti en el día de tu creación". (El *carbunclo* era un término empleado para rubíes, espinelas y granates). En el libro de la Revelación 21:18–20: "Y los cimientos del muro de la ciudad estaban adornados con toda piedra preciosa. El primer cimiento era jaspe; el segundo, zafiro; el tercero, calcedonia; el cuarto, esmeralda". Éxodo 28:8–10 muestra evidencia de antiguos grabados: "Y tomarás dos piedras de ónix, y grabarás en ellas los nombres de los hijos de Israel".

La práctica cristiana de honrar la memoria de santos creando relicarios con sus restos, requiere el uso de muchas joyas. El famoso talismán de Carlomagno fue decorado con dos grandes zafiros y se dice que tenía un pedazo de la Santa Cruz. Ornamentación elaborada en iglesias y catedrales utilizaba piedras preciosas. En la capilla de San José, en la catedral de Westminster (Inglaterra), la ágata ibérica y el ónix canadiense proveen un fondo para una columna de mármol italiana *fleur de peche*.

El más antiguo texto conocido acerca de minerales fue escrito por Teofrasto.[5] Plinio incluyó datos sobre gemas en sus escritos de historia natural.[6] Las piedras preciosas fueron relacionadas con los viajes de Marco Polo (siglo XIII) y Jean Baptiste Tavernier (siglo XVII).

Los antiguos métodos usados para trabajar las gemas consistían en alisarlas y pulirlas para resaltar sus colores. Estos métodos se perfeccionaron en la India. Sólo en la Edad Media se empezó a extender la práctica de cortar gemas; de Italia pasó a otras partes de Europa. A través de los siglos se han desarrollado muchas clases de cortes; algunos son especiales para un tipo particular de piedra —tal como el diamante o la esmeralda—, a fin de extraer sus cualidades específicas. Otras clases de cortes se convierten en el furor de la moda y luego desaparecen.

Además de ser admiradas por su belleza, las gemas han tenido uso industrial. El feldespato era el ingrediente secreto en la arcilla usada para fabricar porcelana china. Sin él, los europeos no pudieron producir porcelana de igual calidad durante varios siglos. Las piedras preciosas también nos sirven en nuestro mundo moderno. Como ya se mencionó, las propiedades piezoeléctricas del cuarzo han hecho que sea útil en los relojes. *Piezo* viene de la palabra griega *piezein*, que significa "apretar". Básicamente, apretar o poner presión sobre cristales de cuarzo los hace liberar una carga eléctrica. Algunas gemas tienen propiedades piroeléctricas —una carga eléctrica es liberada cuando la piedra es calentada o enfriada—.

Otros usos industriales de los cristales incluyen chips de silicio, transistores, diodos emisores de luz, cabezas de grabadoras de cinta, encendedores de gas en estufas, pantallas de cristal líquido, fresas de diamante usadas por dentistas, y cristales de carburo que le dan al acero su dureza.

1. Mesopotamia, hacia los años 7000–500 a. de C., ocupaba lo que actualmente es Irak y partes de Siria y Turquía. Alrededor del 550 a. de C. se hizo parte del Imperio Persa.

2. Sofianides y Harlow, *Gems & Crystals*, 20.

3. Graham, *Goddesses in Art*, 55.

4. La civilización Sumeria, localizada en el Sur de Irak, donde se encuentran el Tigris y el Eufrates, floreció aproximadamente hace siete mil años.

5. Teofrastro (hacia el 372–287 a. de C.) fue un filósofo griego, naturalista y dedicado alumno de Aristóteles.

6. Gaius Plinius Secundus (hacia el 23–79 d. de C.), conocido como Plinio el Viejo, fue un erudito y escritor romano que, entre muchos otros libros, compiló una enciclopedia de historia natural de treinta y siete volúmenes.

CAPÍTULO DOS

Cristales

Terapia con cristales

Nuestros antepasados vivieron en un mundo iluminado sólo por el Sol, la Luna y el fuego o luz de vela. La energía de las gemas nos ayuda a encontrar esa luz primitiva que mantenía a los antiguos en contacto con los ritmos de la energía vital. Los cristales son regalos de la madre tierra que poseen su energía, una energía natural que nos alimenta.

La terapia con cristales moderna no es un invento de la Nueva Era ni tampoco un pasatiempo. Los antiguos griegos atribuían a las gemas poderes curativos especiales. Muchos siglos después el obispo de Regensburg, Alberto Magno (hacia el año 1193–1280), escribió acerca de las propiedades curativas de las piedras preciosas en cinco libros llamados *De Mineralibus et Rebus Metalicis*. Alberto Magno fue un filósofo, teólogo y erudito alemán cuyo trabajo fue muy respetado.

Los amuletos con gemas eran usados para ciertas enfermedades en la Europa medieval. Las piedras preciosas también eran pulverizadas e incluidas en pociones curativas. Si en principio esto le suena reforzado, considere que los antiácidos modernos contienen piedra caliza, y un ingrediente integral del Pepto-Bismol es el bismuto.

Los poderes curativos de las gemas radican en sus vibraciones. A todo momento estamos rodeados de vibraciones, y somos conscientes de ellas como sonido y luz. Pasan a través de nuestro cuerpo por impulsos eléctricos que atraviesan las sinapsis entre las células. Esto es parte de nuestro campo electromagnético y se extiende fuera del cuerpo a lo que se conoce como *aura*. Las vibraciones de cristales interactúan con el campo electromagnético del cuerpo y pueden aumentar nuestra energía personal.

Las investigaciones científicas modernas sobre el campo de energía humano empezaron a mediados del siglo XIX en Londres, cuando el doctor Walter Kilner se interesó en la última tecnología médica de rayos X y electroterapia. Él desarrolló un proceso que utilizaba el espectro de luz ultravioleta y le permitió ver el campo de energía del aura. En 1939, Semyon Kirlian, un ingeniero soviético, desarrolló un método para fotografiar el aura. Hoy día es de lo más común encontrar una librería alternativa ofreciendo fotografía e interpretación de esta irradiación.

El aura es la manifestación externa de la energía del cuerpo. Internamente, éste tiene siete puntos energéticos específicos llamados *chakras* (Tabla 2.1), los cuales han sido descritos como ruedas de energía giratorias. El término *chakra* viene de la palabra sánscrita para "rueda". Los humanos somos seres de luz y energía; los siete chakras vibran en diferentes frecuencias que se equiparan a las frecuencias de luz pasadas a través de un prisma. La luz blanca está compuesta de siete colores primarios: rojo, naranja, amarillo, verde, azul, índigo y violeta. Cuando la luz es descompuesta como en un arco iris o un prisma de cristal tallado, podemos ver estos siete colores. El rojo tiene la más baja frecuencia y la más larga vibración.

Algunos incluyen un octavo chakra llamado *punto transpersonal*, localizado a unas pocas pulgadas sobre la cabeza y nos conecta con lo divino. Este chakra también se conoce como "*chi* celestial".

La colocación de las piedras

Una forma de terapia con cristales trabaja directamente con los chakras para realinear el campo energético del cuerpo. Este método, llamado "colocación de las piedras", es desarrollado haciendo que la persona se acueste de espaldas, y poniendo luego

Tabla 2.1—Asociaciones de los chakras

Color	Chakra	Área física	Aspecto	Gemas para terapia
Rojo	Uno	Perineo, base de la columna vertebral.	Supervivencia, seguridad.	Granate rojo, cuarzo ahumado.
Naranja	Dos	Suprarrenales, abdomen.	Fuerza, sexualidad.	Cornalina, ojo de Tigre.
Amarillo	Tres	Plexo solar, estómago.	Poder personal, ego, impulsos.	Citrino, topacio.
Verde	Cuatro	Plexo cardiaco, corazón.	Compasión, amor.	Cuarzo rosado, kunzita, jade.
Azul	Cinco	Glándula tiroides, garganta.	Creatividad, habla, escritura.	Aguamarina, azurita.
Índigo	Seis	Glándula pituitaria, frente.	Intuición superior, habilidades psíquicas.	Lapislázuli, zafiro.
Morado/ Violeta	Siete	Glándula pineal, coronilla.	Espiritualidad, iluminación.	Amatista, cuarzo blanco o transparente.

una gema del color apropiado en el área del chakra afectado. Si no hay un problema específico, este método puede ser usado con todos los chakras para alinear el flujo de energía. Un balanceo o limpieza general de energía negativa puede hacerse usando cristales de cuarzo claro. Cuando trabaje con chakras, asegúrese de visualizar cada uno separadamente en un estado de calma y resplandor antes de pasar al siguiente. Esto puede ser combinado con una sesión de reiki o masajes para lograr un poderoso movimiento de energía.

Cuando utilice múltiples piedras sobre el cuerpo, póngalas en la misma dirección con sus puntas hacia la cabeza o los pies. Estas direcciones son conocidas como cielo a tierra y tierra a cielo. Usando cristales de esta manera se puede aumentar el flujo de energía. En el caso de piedras que no sean puntiagudas, tome cada una separadamente antes de comenzar la sesión, hasta que tenga la sensación de cuál lado es "hacia arriba". Confíe en su intuición. Si su curación requiere que la energía sea conectada a la tierra, ponga las piedras apuntando hacia sus pies. Si la curación es espiritual o requiere "levantar" emociones, apúntelas hacia la coronilla de su cabeza.

Mantenerlo cerca

Otro método de terapia con gemas/cristales es simplemente usar o cargar una piedra que personifique los atributos que quiere alcanzar, o estimule energía para curación. Además de encontrar el color correspondiente y el tipo de gema, un aspecto importante en la elección de una piedra particular es su atracción por ella. Vea en el apéndice A más información sobre la compra de cristales y gemas.

Meditación con gemas/cristales

En adición a la terapia con cristales, utilizar gemas en la meditación es otra forma de acceder a la energía de una piedra. En la meditación aislamos el área consciente del cerebro, lo cual nos permite tener acceso al subconsciente. Las gemas pueden ser usadas como ayuda. Un método de meditación con gemas es sentarse con las manos en forma de copa frente a usted y sosteniendo la piedra o cristal. Si va a usar dos piedras, siéntese con las manos sobre las rodillas, palmas arriba, sosteniendo una piedra en cada una. Otro método para utilizar la energía de la piedra es mirarla fijamente. Relaje su enfoque mientras mira la piedra y luego deje que los ojos descansen sobre los matices de color y forma. Los cristales muestran características asombrosas cuando son vistos a través de la luz de una vela. Las grietas y escarchas internas son reveladas por la luz de la llama. Déjese atraer por el cristal para que le comparta sus atributos y energía especial.

El arte de mirar fijamente cristales (y la adivinación con espejos hechos de obsidiana) ha sido mencionado a lo largo de la literatura inglesa. El caballero de Chaucer en "The Squire's Tale" de *The Canterbury Tales*, llega con un espejo que permite a quienes se miran en él ver "la aproximación de la sombra de la adversidad", además de discernir quién es amigo o enemigo. Shakespeare también usó este recurso en *Measure for Measure* y *Macbeth*. Un espejo que revela una visión del mundo completamente diferente figura en gran parte en *Through the Looking Glass* de Lewis Carroll.

Para realizar una meditación con gemas/cristales (o cualquier tipo de meditación), asegúrese de tener disponible tiempo suficiente. Si tiene muchas cosas que hacer, no trate de incluir forzadamente una meditación en su agenda. Es importante sacar tiempo no sólo para la meditación en sí, sino también para la posterior reflexión. Tomar nota de sus pensamientos y sentimientos después de la meditación es una buena forma de seguirle la pista a los efectos que las diferentes gemas pueden tener sobre usted. Programe el ejercicio en un lugar tranquilo y privado. Un televisor con alto volumen en la habitación siguiente o niños saltando alrededor de la casa serían una distracción incluso para meditadores experimentados.

Si no ha meditado antes, empiece sentándose cómodamente y cerrando los ojos. Incluso si planea mirar fijamente un cristal, comience con los ojos cerrados. Esto le da la oportunidad de cambiar de su cotidiano mundo exterior a su propio espacio interior. Enfóquese en su respiración y permita que ésta comience en su vientre. Lentamente llene los pulmones, luego haga una pausa antes de exhalar también lentamente. El último aire debería salir de su vientre. Haga otra pausa, y después empiece la siguiente inhalación. Cuando sienta que su propia energía está en calma y centrada, enfóquese en la gema(s). Si va a mirar fijamente un cristal, lentamente abra los ojos pero mantenga el enfoque. Sea perceptivo a la energía, pensamientos, mensajes y sentimientos.

No vea la meditación con la expectativa de grandes revelaciones acerca de su vida. La mayor parte de las respuestas llegarán

Tabla 2.2—Gemas para equilibrio energético elemental/estacional en Occidente

Estación	Elemento	Dirección	Color	Gemas
Primavera	Aire	Este	Verde	Esmeralda, ágata, berilo, jade.
Verano	Fuego	Sur	Rojo	Rubí, granate, cornalina, berilo.
Otoño	Agua	Oeste	Azul	Zafiro, lapis, ópalo, turquesa.
Invierno	Tierra	Norte	Blanco	Diamante, perla, cuarzo, espinela.

Nota: La primera gema en cada estación es la piedra tradicional.

poco a poco. La información más importante aparecerá en forma desapercibida, y no se desespere si nada sucede en un principio. Relájese y mantenga su estado receptivo. Si hay algo que se va a revelar, esto llegará en el momento indicado.

Sacar tiempo después de una meditación es importante incluso si no mantiene registros de sus experiencias. Tener tiempo para la reflexión permite que la información se clarifique. Las cosas que pueden no ser obvias durante la meditación, probablemente saldrán a la superficie mientras descansa con tranquilidad. Tal vez le tome uno o dos días darse cuenta de los cambios.

Otra forma de utilizar gemas durante la meditación es rodearse con ellas. Ubíquelas en un círculo sobre el piso, luego siéntese en el centro. Las piedras no deben estar en contacto entre sí y pueden estar espaciadas la distancia que parezca apropiada. Use las tablas y más información de este libro para seleccionar gemas que se aplican a propósitos específicos.

Equilibrio energético elemental/estacional en Occidente

Además de trabajar con los chakras para centrarse, podría ensayar un balanceo elemental para ayudarse a conectar con la tierra. Use la tabla 2.2 para coordinar su selección de piedras. Escoja la gema especificada o una que tenga predominantemente un color elemental. El balanceo utiliza los cuatro elementos básicos comunes en tradiciones occidentales. El feng shui chino emplea cinco elementos, pero eso será cubierto más adelante.

Escoja una gema para cada uno de los elementos/estaciones y colóquela en el piso en su dirección correspondiente, como creando un círculo para sentarse. Puede usar sólo estas cuatro gemas o completar el círculo con piedras blancas o negras. (El blanco contiene todos los colores y el negro es la ausencia de ellos). Dentro del círculo, mire hacia la dirección que corresponde a la actual estación. Si está a medio camino de una estación, mire hacia el punto intermedio.

Empiece, como lo haría con otras meditaciones, enfocándose y calmando su energía. Con sus pensamientos relajados, muévase en el sentido de las manecillas del reloj y piense en la primera dirección y elemento. En el caso del ejemplo de la figura 2.1, pensaría en el Este, primavera y el elemento aire. Sienta la energía de esta estación y experimente su elemento. Deje que la energía de la piedra lo guíe. Repita este proceso para cada una de las cuatro direcciones. Utilice el tiempo que considere apropiado para cada una. Con esta meditación se estará conectando con la madre tierra y toda la red de vida. La meditación puede ayudarlo a mantener esta conexión durante varios días.

Si practica yoga, podría hacer la meditación elemental/estacional durante una sesión en casa. Ponga las cuatro gemas alrededor de su estera y haga una postura específica que evoque la estación o el elemento para usted. Por ejemplo, podría hacer la posición del perro mirando hacia abajo para verano/Sur, porque crea calor y calienta el cuerpo. También podría mirar fijamente cristales mientras practica el yoga para profundizar el estado meditativo.

Experimente con diferentes formas de meditación o sentándose con gemas para que encuentre lo apropiado para usted. Meditar, hacer yoga o simplemente sentarse con sus piedras preciosas, le ayudará a sintonizarse con la energía y a seleccionar piedras adecuadas para practicar el feng shui.

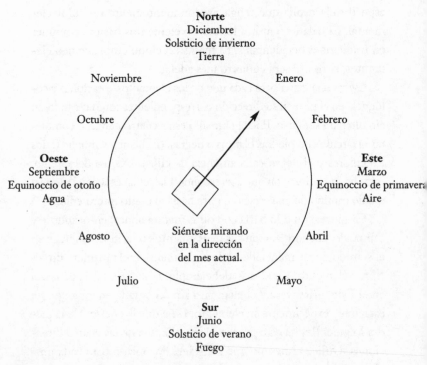

Figura 2.1
Equilibrio energético elemental/estacional en Occidente.

Preparación de las gemas

Cada vez que compramos ropa nueva o alimentos en las tiendas o almacenes, usualmente lavamos el producto antes de usarlo o comerlo para asegurar que esté limpio y no tenga algo indeseado. Lo mismo se aplica a las piedras preciosas. Antes de usar una gema, también debe ser limpiada para remover energía negativa que puede haber recibido a través de anteriores manipulaciones. (Diríjase al apéndice A para información sobre la adquisición de gemas). Incluso si se siente muy atraído por una piedra, debería limpiarla para permitir que fluya la mayor cantidad de energía entre ella y usted. Esto también le ayudará a obtener el máximo poder de la gema. Con el tiempo podrá sentir que una piedra ha perdido su potencia, lo cual indica que necesita ser limpiada nuevamente. Hay que limpiar las gemas por separado para mantener su poder enfocado en su propia energía.

Limpieza con sal

La limpieza con sal es apropiada especialmente para gemas nuevas en su vida. La sal marina es recomendada tradicionalmente; sin embargo, esta debe ser una decisión personal. Debido a que proviene del océano, la sal marina está imbuida del poder de las olas y la intención de limpieza del agua. Si encuentra que usted es una "persona del Norte" (vea el capítulo 4 para determinar su dirección en la brújula pa tzu), la sal extraída de la tierra sería la más apropiada. Esta sal proviene del cuerpo de la madre tierra, lo cual dará a la gema un fuerte poder para conectarse a ella. Use sal pura; muchos tipos disponibles comercialmente contienen aluminio u otros químicos.

Otra decisión que se debe tomar es si la limpieza será con sal disuelta o seca. Para el primer caso, adicione una cucharada de sal a una taza de agua. Puede comenzar con agua caliente para disolver la sal, pero déjela enfriar antes de lavar la gema. Si está demasiado caliente puede hacer que la piedra se agriete y fracture. Use un recipiente de cerámica o de vidrio y evite el plástico o metal, ya que estos tienden a lixiviar algunas de sus propiedades en el agua. Deje que la gema se remoje durante la noche, luego séquela con un trapo suave. Para limpieza en seco necesitará un recipiente profundo que se pueda llenar con suficiente sal para enterrar la gema. Ponga la piedra en la sal con la punta (o parte superior) hacia abajo, mirando la madre tierra, y déjela durante la noche.

Limpieza con luz de Luna

Otra forma popular de limpiar una gema es utilizando la luz lunar. Esto toma un poco más de tiempo, pero si desea activar el poder de la Luna vale la pena esperar. Busque una repisa de ventana en su casa que reciba varias horas de luz lunar durante la Luna llena. Ponga la gema sobre esa repisa durante tres noches empezando con la noche anterior a la Luna llena. Colocar la piedra en un pórtico o lugar seguro afuera es aun mejor, ya que la luz no es estorbada por el vidrio de la ventana. Para recargar la gema de vez en cuando, use la luz de la noche de Luna llena.

Si una piedra ha sido usada para limpiar negatividad, póngala en un contenedor de vidrio claro con agua salada y ubíquela donde reciba la luz de una Luna menguante durante varias noches. Ésta se llevará la negatividad mientras se aleja. Una gema limpiada en agua salada y colocada afuera (o en una repisa de ventana) en la noche de una Luna nueva, estará abierta a recibir fuerza interior de la oscuridad del astro. La luz de la Luna menguante ayuda a estimular el poder de una piedra.

Limpieza herbal/floral

Un buen método para limpiar una gema es enterrarla en un tazón con hierbas secas o pétalos de flores. Este procedimiento puede ser combinado con limpieza lunar, pero por sí solo toma aproximadamente una semana. Para mayor conexión con el planeta, entierre la gema afuera en el suelo o adentro en una taza con tierra, con la punta o parte superior hacia abajo.

Una forma más rápida de limpiar una gema es *ahumándola*. En un tazón incombustible o una concha marina, queme un poco de salvia, cedro o artemisa, y luego pase la piedra a través del humo. No necesita generar humo espeso. Unas pocas flores de lavanda pueden ser adicionadas para calmar la energía. También sea consciente de que la artemisa tiene un olor similar a la marihuana cuando es quemada; use esta hierba moderadamente.

Después de limpiar una gema nueva, saque tiempo para sentarse con ella. Sosténgala en sus manos y recíbala en su vida. Esté abierto a la energía de la piedra y establezca una conexión con su propia energía. Una vez que haya hecho esto, transmítale sus intenciones con ella. Piense en cómo desea compartir su energía en casa y acudir a sus poderes.

Conceptos básicos
del feng shui

Yin y Yang: equilibrio cósmico

Feng shui literalmente se traduce como "viento y agua", los dos elementos más dominantes que forman nuestro mundo. El feng shui puede ser aplicado para dar forma a la energía que lo rodea. Se trata de cambiar su vida valorando y manteniendo su conexión con el mundo natural. Las fuerzas dinámicas —*yin* y *yang*— necesitan ser mantenidas en equilibrio para crear cambio y alcanzar armonía y felicidad (Tabla 3.1). Aprender a equilibrar la vida significa caminar "entre los campos magnéticos del yin y el yang".[1] En el Budismo Zen se conoce como atravesar "la entrada sin puerta".

Tabla 3.1—Equilibrio

Yin	Yang
Femenino	Masculino
Frío	Caliente
Descanso	Actividad
Suave	Duro
Tierra	Agua
Invierno	Verano
Noche	Día
Luna	Sol
Diosa	Dios

No hay que asumir que todo yin o yang se aplica basado en su género. Aunque estas energías no tienen nada que ver con el género, muchas culturas han adoptado la idea de que masculino es lo activo, dominante, agresivo y analítico, y femenino es ser receptivo, complaciente e intuitivo. Una persona no es completamente lo uno o lo otro; las mujeres tienen energía masculina/yang y los hombres energía femenina/yin, y es importante balancearlas.

Una forma de alcanzar el equilibrio yin/yang es llevar consigo una piedra de energía opuesta a lo que se desea moderar o igual a lo que queremos estimular. Por ejemplo, si estima que es demasiado analítico, lleve consigo una piedra que aumente la energía yin (aguamarina, iolita o piedra de la Luna). Si cree que es muy pasivo, use una piedra yang (cornalina, granate o sardónice). Vea más información en la segunda parte del libro.

El yin y el yang pueden ser descritos como una armoniosa dinámica de opuestos. Son las fuerzas que sostienen el universo. Están presentes en todas las cosas y representan lo que el autor Johndennis Govert llama "la fuente última". Debido a que las fuerzas del yin y el yang están constantemente cambiando, el universo es todo menos estático.

El agua, que básicamente es yang, puede ser yin o yang: un estanque quieto recoge energía y es yin, mientras un arroyo correntoso emite energía y es yang. El cambio de noche y día y las estaciones reflejan el equilibrio yin/yang. Los equinoccios de primavera y otoño son tiempos de equilibrio cuando noche y día e invierno y verano son iguales.

En la antigua China, el feng shui yin era usado para diseñar tumbas. El lugar era cuidadosamente diseñado porque se creía que la fortuna de una persona estaba ligada a lo bien que habían sido preparadas las sepulturas de sus antepasados teniendo en cuenta el apropiado equilibrio.[2] Una morada yin es un lugar de entierro, y una yang es para los vivos.

Ya que la energía yang es energía vital, debería ser predominante en el hogar. Sin embargo, la energía yin no debe ser excluida porque es necesaria para el equilibrio. Después de todo, la

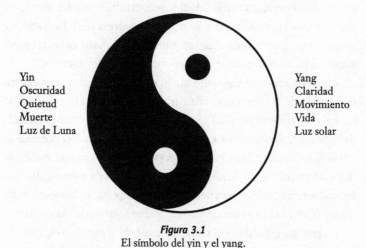

Yin
Oscuridad
Quietud
Muerte
Luz de Luna

Yang
Claridad
Movimiento
Vida
Luz solar

Figura 3.1
El símbolo del yin y el yang.

vida es parte del ciclo de vida, muerte y renacimiento, y para experimentar y disfrutar al máximo la existencia se requiere un equilibrio energético.

El símbolo del yin/yang (Figura 3.1) no sólo ilustra que un equilibrio de opuestos es necesario para crear un todo, sino también que los contrarios contienen un poco del otro. Así como el Sol es necesario para el crecimiento, la fresca tranquilidad de la noche es vital para el descanso. Después del verano como estación del crecimiento, el invierno provee tiempo para que la tierra descanse y se renueve. El yin y el yang representan un ciclo continuo de cambio. El símbolo mismo es muy fluido e interactivo.

Energía: la respiración de la vida

Cualquiera que haya tomado una clase de yoga, *t'ai chi* o meditación, o estado totalmente absorbido en una actividad creativa, ha experimentado el flujo y uso de la energía. Cada vez más personas están descubriendo el poder de su energía y su conexión con el mundo natural. Traer las gemas a nuestra vida nos ayuda a mantenernos cerca de la naturaleza y en armonía con la vida. La tecnología moderna ha creado innumerables comodidades, pero también nos ha aislado de gran parte del mundo natural y su flujo de energía vital. Para que sea sana, la energía necesita estar en movimiento, pero debe moverse suavemente a fin de activar la fuerza vital dentro de nosotros.

La meditación, el yoga, el t'ai chi y otras disciplinas involucran un cambio de la conciencia ordinaria para utilizar el rico campo de energía donde una persona ya no es una pequeña entidad separada del universo, sino parte de él. Starhawk ha llamado a esta conciencia *visión de luz estelar*.[3] Mantener el entorno donde la energía saludable fluya constantemente alrededor de nosotros, ayuda a desarrollar actividades espirituales y creativas, además de apoyar el bienestar cotidiano. Nos ayuda a conectarnos con nuestra visión de luz estelar.

La energía saludable y activa es llamada *chi*, *sheng chi* o *qi*. Este chi —energía positiva— serpentea lentamente. Es más saludable donde el yin y el yang están balanceados y donde hay armonía elemental. Para que permanezca positiva, la energía necesita fluir por los contornos de las construcciones y la tierra misma. La disposición de la tierra y la vegetación afecta el movimiento de la energía. Los entornos artificiales —pueblos, ciudades, carreteras— tienen un fuerte impacto sobre la energía, no sólo en sus vecindades inmediatas, sino también en las áreas circundantes. Los sectores urbanos pueden ser más desafiantes a causa de su rápido ritmo y el discordante efecto de los edificios que son construidos sin considerar otras estructuras. Sin embargo, el paisaje natural también puede presentar problemas. Por eso es importante mirar afuera de la casa además de adentro para valorar patrones energéticos.

Cuando lo bueno sale mal

La energía negativa se mueve rápidamente en líneas rectas. Esto ocurre donde el yin y el yang están desbalanceados o se genera energía elemental a través de un ciclo destructivo. Este chi negativo es conocido como *sha* o *shar chi*, el cual es extremo a cada lado de la escala. Cuando la energía está atrapada (por ejemplo, en un rincón o un valle), se estanca en un sha que carece de vitalidad y es demasiado yin. Igualmente, cuando el chi es forzado en una línea recta, gana velocidad y se convierte en un sha peligroso y amenazante (demasiado yang). El chi es la energía balanceada y tranquila entre los dos extremos del sha (Figura 3.2).

Debido a que usualmente no tenemos un completo control de nuestros ambientes externos, la función más importante del feng shui es desarmar la energía negativa que nos bombardea. Aunque es bueno hacer todo lo posible para aumentar el chi positivo, es más importante desviar y dispersar la negatividad que podía estar eliminando cosas buenas de su casa, incluyendo la fuerza vital. Revise primero la energía negativa, determine una estrategia para protegerse de ella, y luego desarrolle un plan para acumular y atraer energía positiva.

La energía es afectada por la forma, el color, el olor, la luz, la temperatura y todos los objetos tangibles. Un área densamente poblada con autos a gran velocidad, luces brillantes y olores desagradables, perturba los nervios debido a la energía irregular que crea (rápida, espigada, quebrada). También es posible tener demasiado de algo bueno: a pesar de una vista idílica, una habitación con muchas

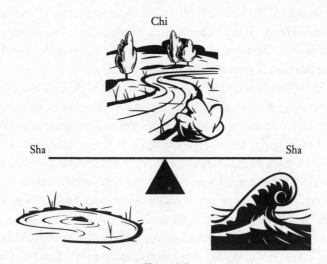

Figura 3.2
El chi balanceado es energía saludable. El yin o yang extremos originan energía malsana (sha).

ventanas o excesivamente grandes puede sentirse abrumadora. En la mayoría de casos, esto puede ser causado por una sobreabundancia de uno o dos elementos que pueden ser tenidos bajo control.

Lo importante es que sea consciente de cómo se mueve (si lo hace) la energía en y alrededor de su casa. Tal vez necesite disminuir la velocidad de energía que se mueve rápidamente, activarla si se acumula en un rincón, o atraer más hacia su vivienda. A través de diversos medios puede influir en la calidad de la energía, lo que a su vez tendrá un efecto sobre usted. El arte del feng shui es en sí un equilibrado acto de protección y creación: protección de energía negativa y creación (aumento) de energía saludable. Este uso de la energía le permitirá cambiar su vida.

Los cinco elementos tradicionales del feng shui

De acuerdo a los antiguos chinos, todas las cosas en el universo pueden ser divididas en cinco elementos: agua, fuego, madera, metal y tierra. Estos elementos son utilizados en el feng shui chino tradicional y encarnan las energías arquetípicas que forman todo lo que existe. También simbolizan el proceso de cambio. Las interacciones entre ellos producen un ciclo continuo de crecimiento y decadencia. Entender cómo interactúan las energías elementales es básico para comprender la armonía del feng shui.

El ciclo de producción/creación del feng shui chino (Figura 3.3) es como sigue: la madera arde y alimenta el fuego. El fuego reduce las cosas a cenizas y en el proceso crea tierra. El metal (mineral) es producido por la tierra y genera agua. (He encontrado sólo un texto que trata de explicar esto, y en lugar de formular que el metal crea agua sugiere que los metales en la tierra "enriquecen el agua subterránea".[4] Otros se refieren al elemento metal y lo siguen con "aire" entre paréntesis[5]). El agua nutre las plantas y crea madera.

El ciclo de destrucción/reducción del feng shui tradicional (Figura 3.4) es como sigue: el fuego domina (funde) el metal. Éste (como herramienta) corta y destruye madera, que a su vez consume la tierra nutriéndose de ella. La tierra domina el agua (dirigiendo el flujo de ríos y arroyos). El agua extingue el fuego.

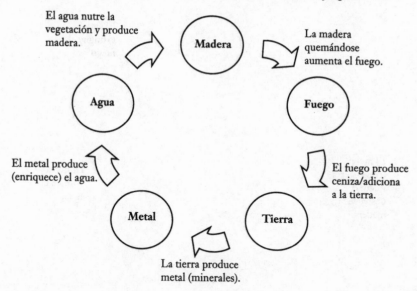

El agua nutre la vegetación y produce madera.

La madera quemándose aumenta el fuego.

El metal produce (enriquece) el agua.

El fuego produce ceniza/adiciona a la tierra.

La tierra produce metal (minerales).

Figura 3.3
El ciclo de producción/aumento de energía elemental del feng shui.

Así como los cuatro elementos occidentales mencionados en el capítulo 2 tienen atributos correspondientes, los elementos del feng shui chino también tienen características tales como direcciones y estaciones con las cuales están asociados. La tabla 3.2 contiene algunas correspondencias básicas. Para ver una descripción completa de las asociaciones, diríjase a un texto de feng shui tradicional.

En chino, los cinco elementos son llamados *Wu Xing*: *Wu* es "cinco" y *Xing* significa "moverse". En resumidas cuentas, este es el significado de los elementos: ciclos de movimiento y cambio. Usted podría hacer de nuevo la meditación estacional/elemental explicada en el capítulo 2, pero esta vez usando los colores y las direcciones del feng shui tradicional. Si anotó su primera experiencia en un diario, observe las diferencias que puede haber tenido usando estos elementos.

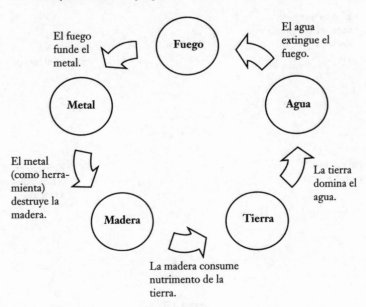

Figura 3.4
El ciclo de destrucción/disminución de energía elemental del feng shui.

Tabla 3.2—Atributos elementales del feng shui tradicional

Elemento	Estación(es)	Dirección(es)	Color(es) básico(s)
Fuego	Verano	Sur	Rojo
Metal	Otoño	Oeste y Noroeste	Blanco y gris
Madera	Primavera	Este y Sureste	Verde y morado
Tierra	Final del verano y final del invierno	Suroeste y Noreste	Amarillo y azul
Agua	Invierno	Norte	Negro

Cuando trabaje con energía elemental, trate de incluir todos los elementos para crear equilibrio. Sin embargo, si un elemento es demasiado fuerte en una habitación, su efecto puede ser balanceado con otro elemento para darle armonía a dicho espacio. Si utiliza un elemento para moderar otro, es importante que sea consciente de cualquier disonancia que puede ser creada empleando la cualidad destructiva de un elemento. Por ejemplo, si el agua se usa para disminuir los efectos del fuego, tiene el potencial para eliminarlo completamente, de tal forma que ya no esté presente. La intención misma (aniquilación) puede crear disonancia en la habitación. Es preferible usar un elemento de moderación, que reducirá el poder de otro elemento sin destruirlo (Figura 3.5).

El equilibrio de la energía elemental puede ser logrado usando el elemento mismo o su representación. En el feng shui con gemas, el

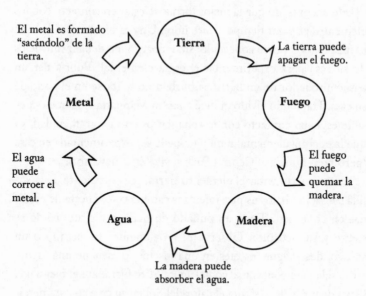

Figura 3.5
El ciclo de moderación/reducción de energía elemental del feng shui.

color y otros atributos de las piedras son utilizados para representar un elemento. El tamaño y número de piedras además de su localización pueden acentuar e incrementar la presencia de un elemento.

Póngasé en contacto con los elementos

El poder de los elementos y sus direcciones asociadas tienen una dinámica a través del ciclo del año (estacional, macronivel) e individualmente (personal, micronivel). Además de su elemento personal, usted puede ser atraído por diferentes elementos y sus direcciones y gemas asociadas en distintas épocas del año a lo largo de su vida. Explore cada uno de los elementos para ver cómo pueden ayudarlo a equilibrar el flujo de energía. Es importante que sea consciente del efecto que un elemento tiene sobre usted. Experimente con diferentes elementos e intensidades de energía elemental para encontrar lo que se ajusta mejor a su energía individual.

He encontrado que la mejor forma de estar en contacto con los elementos es pasar tiempo al aire libre. Una caminata en el bosque es ideal para sentirse conectado; sin embargo, no debe ir muy lejos de su casa para experimentar energía elemental. Podría dar un paseo alrededor de un barrio suburbano o sentarse en el patio de su casa. Habiendo vivido quince años en Manhattan, sé que es posible estar en contacto con los elementos en una gran ciudad, ya que la energía elemental también puede ser experimentada en casa (pero no renuncie al Central Park si vive en Nueva York).

Para experimentar el elemento tierra, sea consciente de la sólida sensación bajo sus pies mientras camina o se acuesta de espaldas en el césped. Tome un puñado de tierra y disfrute cómo se siente y su rico olor. Observe el movimiento del océano o un arroyo, descuelgue los pies en una piscina, o escuche una fuente en su sala para conectarse con el agua. Mire fijamente el fuego o la llama de una vela, o sienta el calor del Sol en su cuerpo para percibir el poder del fuego. Siga el camino de las nubes a través del cielo, vea el humo de un incienso elevarse, o ponga atención a su respiración y aprecie el regalo del aire. Levante una pieza sólida y

Tabla 3.3—Dirección del flujo y asociaciones de los elementos

Metal
Flujo de energía: hacia dentro.
Asociaciones: abundancia, riqueza, éxito.

Fuego
Flujo de energía: ascendente.
Asociaciones: ímpetu, acción, transformación, el intelecto.

Tierra
Flujo de energía: horizontal.
Asociaciones: estabilidad, confianza, seguridad.

Agua
Flujo de energía: descendente.
Asociaciones: las emociones y la capacidad de adaptación.

Madera
Flujo de energía: hacia fuera.
Asociaciones: crecimiento y creatividad.

pesada de hierro, acaricie una fina cadena de oro o plata, capte el destello de la pirita mezclada con otro mineral para experimentar el metal. En todos los casos, enfóquese en las diversas cualidades de cada elemento y las sensaciones que le traen (Tabla 3.3).

El paisaje: cuerpo de la madre tierra

La cultura moderna no sólo ha alejado a las personas de la tierra, también ha sido instrumental en destruirla. Cuando se construyen carreteras o edificaciones, la tierra es allanada, lo cual permite a la energía pasar a gran velocidad. Sin los contornos naturales la salud de la energía en movimiento ha sido cambiada por carreteras rápidas y áreas suburbanas que son eventualmente reemplazadas con más de lo mismo.

En contraste, los antiguos habitantes de Europa dejaron su herencia en piedra a través del continente y las islas mediterráneas y británicas en forma de círculos, alineaciones, piedras solitarias y dolmens (cámaras formadas por piedras verticales). Miles de estructuras fueron creadas entre los años 5000 y 500 a. de C. Hay muchas teorías en cuanto a cómo y por qué se construyeron, pero un gran número está de acuerdo en que algunos de los sitios siguen con precisión la salida y puesta del Sol y la Luna en los solsticios de invierno y verano. La localización de estos antiguos monumentos en relación con las colinas y montañas sugiere que el paisaje mismo funcionaba como parte de estas estructuras.

El uso de la geometría sagrada (determinar matemáticamente la relación de un objeto con su entorno para mantener un equilibrio armonioso) ha sido observado por personas que estudian la localización de monumentos antiguos. El paisaje parece envolver estos sitios excepto por un lado, el cual tiene una vista abierta del horizonte. Este tipo de armonía con la tierra parece haber sido usado posteriormente para la ubicación del palacio de Cnosos en Creta, y el templo de Delfos, el centro espiritual de la antigua Grecia. Según Rachel Pollack, la tierra era vista como la gran Diosa madre, por eso se consideraba importante que un templo o sitio sagrado estuviera envuelto o protegido por el cuerpo de la gran madre.[6]

Además de su entorno inmediato, los monumentos sagrados de Europa y Egipto, y los ubicados en las Américas y la Isla de Pascua, están alineados en canales de energía llamados *líneas de ley*, que se extienden alrededor de toda la tierra y actúan como una red energética. La intersección de líneas de ley crea nodos de fuerza donde se acumula una gran cantidad de energía. Los antiguos geománticos chinos se referían a ellos como *lung mei* o "caminos del dragón", tomaban las líneas de energía polarizadas como dragón verde (yang) o tigre blanco (yin).[7] La energía misma que fluía sobre y a través de la tierra era llamada "sangre de dragón". Estos canales son similares a los meridianos energéticos en los humanos, que son manipulados en la acupresión y acupuntura para estimular chi y buena salud.

El paisaje de hoy día, allanado por el progreso, no es apropiado para ubicar una casa en una localización óptima, donde sea abrazada por la tierra. Sin embargo, los edificios y árboles circundantes pueden ayudar a recrear este flujo de energía para brindar protección y confort.

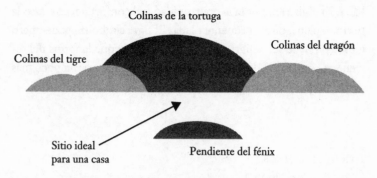

Colinas de la tortuga

Colinas del dragón

Colinas del tigre

Sitio ideal
para una casa

Pendiente del fénix

Figura 3.6
El marco ideal para una casa.

Energía del terreno según los antiguos chinos

Al igual que los antiguos europeos, los chinos también notaron la importancia de la localización y el paisaje. Vivir en armonía con el entorno natural es una poderosa forma de asegurar energía saludable en casa. Como en los templos europeos, la ubicación ideal de una vivienda debe brindar apoyo atrás con una montaña o colinas altas, envolver suavemente ambos lados con colinas más pequeñas, y proveer una vista abierta al frente. Mucho mejor si en el panorama abierto hay un arroyo de flujo suave. Jami Lin ha comparado esta configuración con un sillón con alto espaldar, apoyabrazos protector y un escabel enfrente, el cual simboliza una vida cómoda.[8] Los cuatro animales guardianes celestiales fueron equiparados con esta configuración ideal: tortuga negra, dragón verde, tigre blanco y ave roja (fénix) (Figura 3.6).[9]

En el mejor de todos los mundos la configuración ideal también alinearía los animales guardianes con sus respectivas direcciones: tortuga en el Norte, dragón en el Este, fénix en el Sur y tigre en el Oeste. La tortuga simboliza fortaleza y apoyo. La forma de la tierra se parecería al caparazón de una tortuga. Esto reasegura psíquica y físicamente que hay un apoyo atrás. En China, el dragón verde simboliza buena suerte. La forma del terreno es ondulante en lugar de llana. El fénix representa la oportunidad y el confort; en este caso la tierra es plana, o relativamente plana. El tigre simboliza poder, pero también puede ser peligroso; de este modo, aunque la forma del terreno es similar a la del dragón, idealmente debería ser un poco más pequeño que su contraparte en el Este para mantener el control.

---

1. Govert, *Feng Shui*, 8.
2. Too, *Basic Feng Shui*, 8–10.
3. Starhawk, *The Spiral Dance*, 32.
4. Wu Xing, *The Feng Shui Workbook*, 20.
5. Lin, *Contemporary Earth Design*, 81.
6. Pollack, *The Body of the Goddess*, 17.
7. Lin, *Contemporary Earth Design*, 278.
8. Ibíd., 146.
9. También, *The Fundamentals of Feng Shui*, 12.

Introducción a las herramientas

El bagua

Hay varias escuelas de feng shui que se basan en el uso de la dirección de la brújula, formas del terreno o símbolos. Algunas disciplinas utilizan una combinación de instrumentos para leer y trabajar con la energía. El primero de ellos es el *bagua*.

El *I Ching* fue escrito para ayudar a las personas con los cambios en sus vidas, además de armonizarlas con los ciclos de la naturaleza. Se ha dicho que el feng shui es el *I Ching* manifiesto. Los ocho trigramas del *I Ching* son considerados símbolos universales con los cuales la vida puede ser entendida. Estos símbolos consisten en líneas paralelas donde una discontinua representa el yin y una continua el yang.

Los trigramas indican patrones de cambio a largo plazo y son asociados con estaciones, miembros de la familia y fenómenos naturales (Tabla 4.1). Aunque los trigramas son asignados a ciertas estaciones (o partes de ellas), las combinaciones yin/yang de sus líneas se relacionan con determinados miembros de la familia y sus auspiciosas direcciones en el cuadrado mágico. Por ejemplo, la combinación frecuente de líneas yang (chien) representa al padre, y la mayoría yin (k'un) a la madre. El bagua octagonal (dependiendo de la escuela de feng shui es llamado también *pa kua*) contiene los ocho trigramas y es usado para el análisis del feng shui además de

Tabla 4.1—Trigramas de correspondencias

Trigrama	Nombre	Dirección	Estación	Miembro Familiar
☵	K'an	Norte	Invierno	Hijo de en medio
☶	Ken	Noreste	Fin de invierno	Hijo menor
☳	Chen	Este	Inicio de primavera	Hijo mayor
☴	Sun	Sureste	Fin de primavera	Hija mayor
☲	Li	Sur	Inicio del verano	Hija de en medio
☷	K'un	Suroeste	Verano	Madre
☱	Tui	Oeste	Otoño	Hija menor
☰	Chien	Noroeste	Fin de otoño/ inicio del invierno	Padre

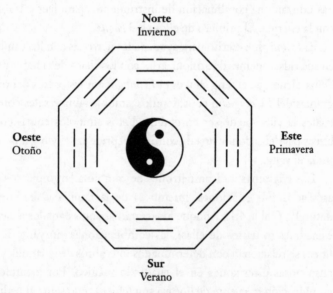

Figura 4.1

El bagua usando el último arreglo celestial. En esta ilustración, el Norte es mostrado en la parte superior. En el bagua del feng shui tradicional el Sur aparece en esa posición.

protección. Colgado en el exterior de la casa, el bagua desvía la energía negativa. La organización de los ocho trigramas ubicados para representar el ciclo del año se conoce como "el último arreglo celestial" (Figura 4.1). La "anterior secuencia celestial" representa un universo perfecto.[1]

Como el bagua tradicional, un bagua de gemas utiliza el poder de las energías terrestres y representa el cambio de las estaciones. Los días en que comienzan los trimestres del año —solsticio de invierno, equinoccio de primavera, solsticio de verano, equinoccio de otoño— y sus gemas asociadas proveen una base para invocar la esencia de las estaciones. El ciclo anual genera un equilibrio estacional de yin y yang (yin/invierno y yang/verano). Los equinoccios presentan la misma cantidad de horas de día y noche, luz y oscuridad, y por consiguiente yin y yang iguales.

En su exhaustivo estudio del *I Ching*, el maestro de feng shui Lin Yun, profesor adjunto de la Universidad Estatal de San Diego, analizó los diversos significados del título del libro. Él lo interpretó como "cambiable/incambiable" y consistía en dos caracteres: uno representando al Sol y el otro a la Luna.[2] Diariamente, estos cuerpos celestes proveen un equilibrio de luz y oscuridad —yin y yang—, y tienen sus propias gemas asociadas. Algunas de las relacionadas con el Sol incluyen piedras rojas como el rubí, el granate y la espinela. Estas gemas representan el ardiente brillo de nuestra estrella celestial. La piedra de la Luna y la perla están asociadas con la Luna. La blanca luminosidad que poseen evoca el fresco confort de dicho astro.

Un bagua de gemas puede ser tan grande o pequeño como usted quiera crearlo. Empiece reuniendo las piedras. Si desea hacer un bagua que represente las estaciones, utilice espinela negra, jade, granate rojo y cuarzo blanco. Si no tiene estas piedras, puede usar unas que tengan los colores apropiados: negro, verde, rojo y blanco. Busque una superficie plana, tal como una mesa o una repisa de ventana, para poner las piedras cada vez que sienta la necesidad de balancear la energía. Utilice una brújula magnética para determinar

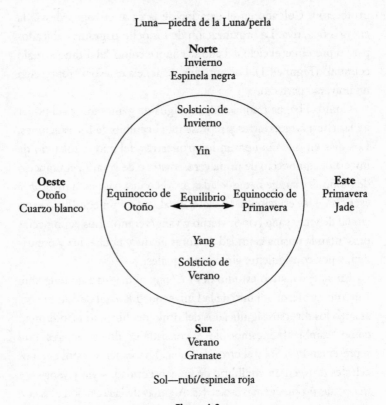

Luna—piedra de la Luna/perla

Norte
Invierno
Espinela negra

Solsticio de
Invierno

Yin

Oeste   **Este**
Otoño   Equinoccio de Equilibrio Equinoccio de   Primavera
Cuarzo blanco   Otoño ◀——▶ Primavera   Jade

Yang

Solsticio de
Verano

Sur
Verano
Granate

Sol—rubí/espinela roja

Figura 4.2
Un bagua de gemas para representar las estaciones. Representar la Luna y el Sol es opcional.

qué dirección es el Norte. Imagine un círculo y ponga la piedra negra en el Norte de él. Coloque la piedra roja en el Sur. Ponga las gemas verde y blanca opuestas entre sí en las posiciones Este y Oeste respectivamente. Si el espacio es limitado, use piedras pequeñas y colóquelas juntas (Figura 4.2).

Si tiene inclinaciones artísticas, podría dibujar o pintar el contorno de un bagua sobre un pedazo de cartón y luego pegar las piedras en su posición. Éste podría ser apoyado sobre una mesa o colgado en una pared. Para un mayor desafío, haga un móvil tridimensional suspendiendo las piedras con una cuerda desde el bagua de tablilla.

Crear un bagua de gemas estacionales da equilibrio y hace que recordemos los ciclos del año (y la vida). Esto ayuda a estar en contacto con el mundo natural y mantener la energía conectada a la tierra. Más adelante encontrará otros tipos de bagua que puede crear (usando las nueve direcciones o los cinco elementos del feng shui). Todos son construidos de la misma forma, colocando gemas en un círculo o cuadrado de acuerdo a sus direcciones asociadas.

Las brújulas Pa Tzu

En la apropiadamente llamada "escuela de la brújula" del feng shui, la herramienta básica de referencia es una brújula. En el pasado, el *lou pan* (brújula) de los maestros de feng shui era un complicado instrumento con ocho a treinta círculos concéntricos de palabras en clave que se relacionaban con los trigramas, elementos, números *lo shu* y otros atributos usados en el análisis del feng shui. También se conocía como la brújula del geomántico chino.

En el centro del lou pan hay una brújula más común para nosotros hoy en día, con la excepción de estar referenciada con el Sur, en lugar del Norte magnético al que estamos acostumbrados. Una versión simplificada del lou pan es la *brújula pa tzu*, que contiene un trigrama, elemento, número lo shu e identificación de grupo energético (Figura 4.3).

Los nueve números en la brújula son usados para determinar la dirección y el elemento que tiene el mayor poder para usted. Después de calcular su número, encuéntrelo en la brújula. (En el feng shui éste se conoce como *número lo shu* o *kua*). El cálculo está basado en su año de nacimiento y es diferente para hombres y mujeres. El centro de la brújula tiene la dirección número cinco. Si después de calcular el número para su dirección de poder su resultado es cinco, use el dos si es hombre o el ocho si es una mujer (Tabla 4.2).

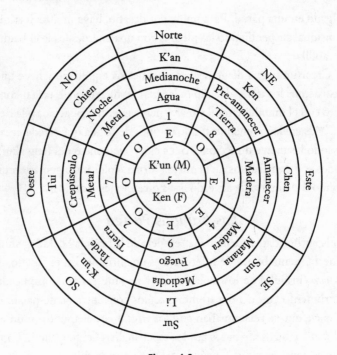

Figura 4.3

La brújula pa tzu del feng shui. Una brújula tradicional mostraría el Sur en la parte superior.

Tabla 4.2—Determinación del número Lo Shu

Reste el siglo de su año de nacimiento.
(Ej., 1947 – 1900 = 47)

Para mujeres

Adicione 5 al resultado anterior. (Ejemplo: 47 + 5 = 52).

Sume los dígitos hasta obtener un solo número. (Ejemplo: 5 + 2 = 7).

Si su resultado es 5, use el 8 como su número Lo Shu.

Para hombres

Sume los dígitos hasta obtener un solo número. (Ejemplo: 4 + 7 = 11, y luego 1 + 1 = 2).

Reste la cifra anterior de 10. (Ejemplo: 10 - 2 = 8).

Si el resultado es 5, use el 2 como su número Lo Shu.

Rueda en el cuadrado

Los números de las nueve direcciones se derivan del cuadrante de Lo Shu. Este cuadrante está basado en el increíble patrón del caparazón de una tortuga que el primer emperador de China, Wu de Hsia, encontró en el río Lo.[3] El se asemeja a nuestro moderno símbolo de libra (#) y al carácter *Kanji* para el hexagrama Ching, o el pozo, del *I Ching*.[4]

El hexagrama del pozo representa un método para extraer la fuerza profunda dentro del misterio de la vida. En la civilización occidental, los "grandes misterios" fueron celebrados por habitantes neolíticos en la isla de Malta. Ahí, las personas rayaron las paredes curvas de roca sólida del hipogeo de Hal Saflieni, para crear una cámara subterránea donde practicaban sus ritos sagrados.[5] En la antigua Grecia, los ritos de nueve días de Deméter y los misterios de Eleusis reconocían con respeto la chispa divina de la cual fuimos creados y que está en la parte más profunda (el pozo) de nuestras almas. El hexagrama del pozo se relaciona con el feng shui por ser un símbolo de alcanzar lo más profundo de nuestro interior a fin de conectarnos con nuestra propia energía, lo cual es necesario para entrar en contacto con la energía (y esencia) de la vida.

Después de un extensivo análisis, los antiguos eruditos chinos creyeron que las marcas sobre la tortuga formaban un perfecto cuadrado mágico de tres por tres (el cuadrante de Lo Shu o mapa

6	1	8
7	5	3
2	9	4

Figura 4.4
Cuadrante de Lo Shu.

6—Noroeste	1—Norte	8—Noreste
Realización/ Benefactores Ayudar a personas Padre	Carrera Viaje personal Base	Sabiduría Conocimiento Autocultivo
7—Oeste	5—Centro	3—Este
Creatividad Proyectos Hijos	Equilibrio Armonía	Familia Ancestros Comunidad
2—Suroeste	9—Sur	4—Sureste
Relaciones/ Asociaciones Amor/Romance/ Matrimonio Madre	Iluminación Fama/Éxito Reputación/ Respeto	Prosperidad/Bendiciones Abundancia Valor personal/ Valor neto Recursos

Figura 4.5
El cuadrado mágico.

del río Lo (Figura 4.4). Los números, sumados en cualquier dirección, dan como resultado 15. Este también es el número total de días en un ciclo lunar menguante o creciente completo, que incluye las fases oscura y llena de la Luna. Conectarse con este astro y sus ciclos complementa el uso de la energía terrestre y nos aumenta la capacidad de equilibrar el yin y el yang en nuestra vida.

El cuadrante de Lo Shu, combinado con la brújula, produce una matriz de atributos y asociaciones para cada una de las direcciones. Esta matriz es llamada *cuadrado mágico* (Figura 4.5).

Este—Incluye a todos sus seres amados, desde su familia hasta la humanidad, sus ancestros y amigos. Esta área también es de crecimiento y vitalidad.

Sureste—Riqueza y abundancia en todos los niveles, desde el valor personal hasta el valor monetario y las bendiciones recibidas. Esta área incluye recursos personales y cualquier cosa que enriquezca su vida. Aquí recuperará su valor como persona.

Sur—Para ser conocido en su comunidad o campo de trabajo, o ganar respeto y reconocimiento. Tiene que ver con su ser exterior además de la auto-realización. Si desea brillar, trabaje en esta área.

Soroeste—Abarca amor, romance, matrimonio y toda clase de relación —personal y laboral—. Muchas veces aprendemos de las relaciones a través de nuestras madres. Esta dirección también está asociada con ser receptivo.

Oeste—Si desea tener hijos, ayudarlos, o estimular sus impulsos creativos, active esta área. Aquí es donde nutrirá toda clase de cosas a las cuales "ha dado vida".

Noroeste—La realización también incluye a quienes lo ayudan a tener éxito: benefactores, mentores, y su padre. Se trata de la responsabilidad —dar además de recibir—.

Norte—Carreras y viajes personales simbolizan progreso en nuestra vida. El progreso no siempre se refiere a avanzar; en ocasiones debemos detenernos y valorarnos antes de seguir adelante. Considere esta su área de base.

Noreste—Sabiduría, conocimiento y auto-cultivo también abarcan puntos de cambio. Ganar sabiduría puede producir grandes transformaciones en nuestra vida.

Centro—Este es un lugar de equilibrio, armonía y espiritualidad; también se considera el punto de la prosperidad. Alcanzar equilibrio y armonía requiere alegría.

Para usar el cuadrado mágico necesitará una brújula magnética. Una vez determine cuál dirección es el Norte, oriente el cuadrado hacia él. Imagine que lo coloca sobre una habitación de su casa. Puede ser más fácil trazar un plano de la habitación, y luego hacer

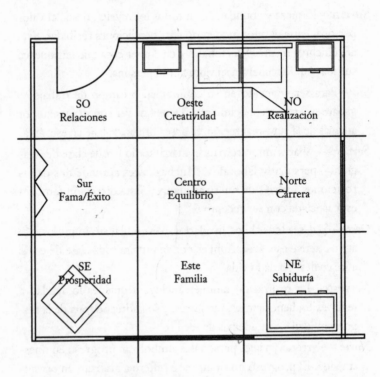

Figura 4.6
El cuadrado mágico sobrepuesto en una habitación.

el cuadrado mágico en un pedazo de papel calcante y colocarlo sobre el bosquejo. Esto divide la habitación en nueve sectores, cada uno correspondiente a una dirección y aspectos personales (Figura 4.6).

Si está experimentando un problema particular en su vida, identifique en cuál sector se ubicaría. Por ejemplo, si tiene dificultades en su carrera (o si quiere crecer y extenderse a una carrera diferente), valore lo que está en el sector norte de la habitación. Siéntese unos minutos en esta área. Cierre los ojos y trate de sentir lo que está sucediendo con la energía ahí. Si el sector está atestado de cosas o tiene algo como un mueble grande sobresaliendo en él, la energía no está fluyendo apropiadamente. Quite todo lo que causa desorden y reubique cualquier cosa que pueda estar impidiendo el flujo de energía. Para activar un flujo energético saludable, ponga una gema asociada en esa área de la habitación.

Si está en medio de una importante transición en la carrera, podría acentuar y honrar la dirección norte. Podría crear una pequeña área separada con cristales y gemas, o simplemente colocar unos pocos cristales o piedras en un estante o mesa en este espacio. Use lo que sienta apropiado para honrar esta dirección y hacer que la energía fluya libremente. También puede examinar que no haya abundante energía de madera en esta área —la madera extrae nutrimento de la tierra en el ciclo elemental de destrucción—. Esto podría estar impidiendo el flujo de energía de tierra.

Aplicando en su vida las direcciones, elementos y aspectos del cuadrado mágico, podrá activar y aumentar la energía a su alrededor, su energía personal y los vínculos con el mundo natural. También puede solucionar una situación particular. Antes de que reorganice una habitación o toda su casa, tome su tiempo para determinar lo que quiere o lo que desea mover.

¿Cuál aspecto en el cuadrado mágico siente que necesita estimular de algún modo? Comprender anticipadamente lo que quiere realizar hará más fácil y efectivo el proceso del feng shui.

Ampliando su alcance

Así como el cuadrado mágico es usado para valorar una habitación, también se utiliza para hacerlo en toda una casa o apartamento (Figura 4.7). La posición ideal de su vivienda tendrá la parte trasera en su dirección de poder. Por ejemplo, si ha calculado que su número lo shu en la brújula es 1, su dirección de poder es el Norte. La mejor posición para su casa es con la parte trasera hacia el Norte ("sentada" en esa dirección) con el frente hacia el Sur. Si no está "sentada" en su dirección de poder, el siguiente mejor lugar sería uno de sus puntos de poder.

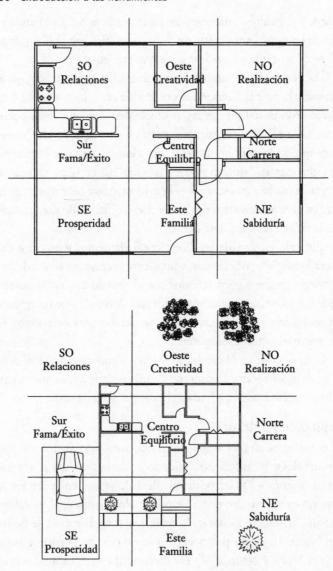

Figura 4.7

El cuadrado mágico sobrepuesto sobre el plano de toda una casa y el terreno circundante.

Tabla 4.3—Grupos energéticos y puntos de poder

Grupo energético del Oeste		Grupo energético del Este	
Oeste	Metal	Este	Madera
Noroeste	Metal	Sureste	Madera
Noreste	Tierra	Sur	Fuego
Suroeste	Tierra	Norte	Agua

Grupos energéticos y puntos de poder

Cada dirección es parte de un *grupo energético* que es indicado en la brújula pa tzu con una *E* u *O*. Cada grupo contiene cuatro direcciones. Encuentre su dirección de poder en uno de ellos; las otras direcciones en ese grupo son sus *puntos de poder* (direcciones auspiciosas) (Tabla 4.3).

Además de su elemento personal indicado en la brújula, los elementos de su grupo energético también tienen influencia sobre usted. Por ejemplo, si su dirección es el Sureste, su elemento personal es madera, pero el fuego y el agua también lo afectarán. El grupo energético del Oeste sólo tiene dos elementos, y una persona de este grupo por lo general es influenciada fuertemente por ambos.

Es importante que su casa esté ubicada en una dirección que le dé poder, porque es la base de donde obtendrá fuerza y apoyo. Eso le permite atraer las energías naturales más apropiadas para usted. Por ejemplo, cuando está sentado es probable que se sienta más cómodo con su espalda contra algo sólido, ya que le da apoyo y seguridad. Igualmente, una situación desagradable es más fácil de manejar con personas de su confianza detrás de usted, o en otras palabras, apoyándolo.

Si su casa no está sentada en una de estas direcciones auspiciosas, puede usar una variedad de objetos para acentuar su dirección de poder en toda la vivienda, a fin de atraer la energía que necesita para el equilibrio. Acentúe su dirección y puntos de poder asegurándose de que la energía pueda fluir libremente en las áreas que corresponden a las direcciones. Aumente la fuerza de los elementos asociados a ellas en sus respectivas áreas, usando gemas que evoquen cada elemento directamente (como un peridoto para fuego en el Sur) o piedras que representen el color de una dirección (como la piedra de la Luna para el gris en el Noroeste). Diríjase a las figuras 6.1 y 7.1 para más detalles.

También podría valorar la energía de la propiedad en la cual se encuentra su casa o apartamento. Para hacerlo, use el siguiente ejercicio de visualización (también puede valorar su casa o una habitación): imagine una lenta y suave ola de agua entrando al frente de su propiedad. Piense en cómo se movería el agua al encontrar objetos. ¿Hay algo que le impediría continuar suavemente su curso? ¿Hay áreas donde podría dejar de moverse? ¿Hay algo que crearía un embudo donde el agua sería forzada a un curso más estrecho que la haría moverse más rápido? La energía se mueve de la misma forma por toda su casa y propiedad. La mayoría de problemas de flujo energético no son difíciles de remediar y serán tratados en posteriores capítulos.

En cada situación, observe las áreas de su dirección y puntos de poder, y asegúrese de mantener ahí energía saludable moviéndose. Aunque podría estar más cómodo con dos o tres elementos particulares, es importante utilizar los cinco para alcanzar un total equilibrio yin/yang. De esta manera la energía en su casa estará completa.

Direcciones positivas y negativas

Mientras su grupo energético indica las direcciones que le dan poder, el grupo energético opuesto indica las direcciones que le traen desafíos. En el feng shui tradicional, las direcciones positivas (las de su grupo energético) son llamadas *principal, salud, longevidad,* y *prosperidad.* Las negativas (las de su grupo energético opuesto) son llamadas *cinco fantasmas, seis shars, desastre* y *muerte.* Las diversas escuelas de feng shui usan nombres un poco diferentes. También son llamadas

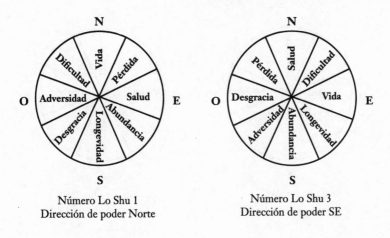

Número Lo Shu 1
Dirección de poder Norte

Número Lo Shu 3
Dirección de poder SE

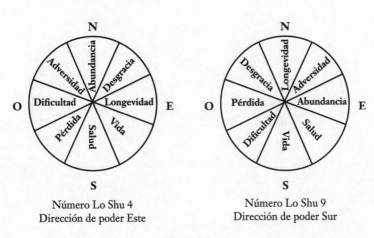

Número Lo Shu 4
Dirección de poder Este

Número Lo Shu 9
Dirección de poder Sur

Figura 4.8
Direcciones positivas y negativas del grupo energético del Este.

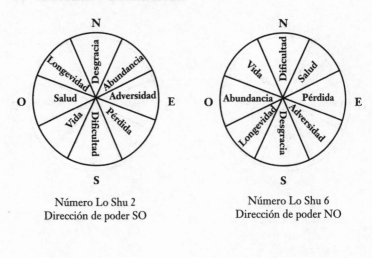

Número Lo Shu 2
Dirección de poder SO

Número Lo Shu 6
Dirección de poder NO

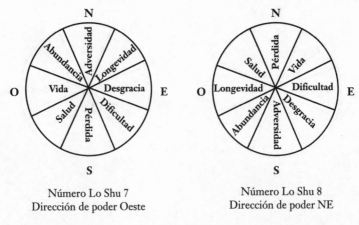

Número Lo Shu 7
Dirección de poder Oeste

Número Lo Shu 8
Dirección de poder NE

Figura 4.9
Direcciones positivas y negativas del grupo energético del Oeste.

vida, salud, longevidad, abundancia, desgracia, adversidad, dificultad y *pérdida.*

Sin importar cómo son llamadas, las direcciones negativas no indican el tipo de inminente suerte que algunos de sus nombres sugieren. En lugar de eso, deberían ser vistas como áreas que representan debilidades o problemas particulares. La energía que tiende a ser negativa para usted se acumula en estas direcciones, lo que a su vez afecta cualquier debilidad o problema. Sus direcciones positivas y negativas específicas son determinadas por una combinación de su número de brújula y grupo energético (Figuras 4.8 y 4.9).

Vida—Tiene que ver con abundancia y prosperidad en la familia y carrera; cosas que constituyen la "buena vida". Este aspecto se presenta en su dirección de poder y es la orientación ideal en la cual su casa debe ser ubicada.

Salud—Esta área se relaciona con vitalidad y buena salud; un estímulo para la vida. Si está enfermo o con poca energía, es conveniente activar este sector. Es una buena localización para una cocina o un comedor.

Longevidad—Como su nombre lo sugiere, esta área tiene que ver con una larga vida y, por supuesto, buena salud. Este es un buen lugar para la cocina, el comedor o la alcoba principal.

Abundancia—Esta área está relacionada con el bienestar y la prosperidad. Es un buen lugar para la puerta principal, la cocina, el estudio o el área de trabajo. Las actividades que afectan el bienestar y la prosperidad de la familia deberían ser desarrolladas en este sector.

Desgracia—Esta área tiene que ver con accidentes o enfermedades y una falta de energía o vitalidad en general. Es una buena localización para el cuarto de baño o el cuarto de lavandería, pues de este modo la desgracia puede ser lavada o drenada. Este no es un buen lugar para la puerta principal, ya que estaría invitando la desgracia a su vida.

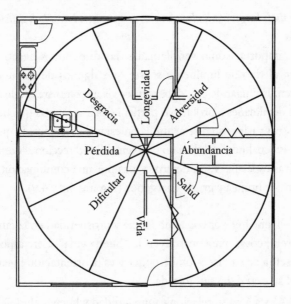

Figura 4.10
Una rueda de direcciones positivas y negativas sobrepuesta en un plano de la vivienda.

Adversidad—Esta área está ligada a disputas y eventos inesperados. Es un buen lugar para el cuarto de baño, o armarios y otros tipos de áreas que no se usen frecuentemente.

Dificultad—Esta área se relaciona con decepciones y molestias. Es un buen lugar para hacer oficios desagradables tales como planchar, y para que se libere de cosas que lo molestan.

Pérdida—Esta área tiene que ver con la pérdida de prosperidad y propiedades por eventos tales como el robo o problemas financieros. Es una buena localización para un cuarto de baño o armarios y otros tipos de espacios que no son usados frecuentemente.

Como en el cuadrado mágico, su rueda de energía puede ser sobrepuesta en un plano para determinar dónde caen estas áreas de su casa. En el ejemplo de la figura 4.10, la puerta principal está en el área de la vida, que esencialmente invita la "buena vida" en el hogar. El área de la desgracia en la cocina presenta un problema, ya que podría atraer enfermedades y una carencia de energía en una habitación que es vital para la salud de una familia.

Los métodos para contrarrestar la negatividad dependen de la causa del problema. Por ejemplo, el estancamiento producido por el flujo de energía bloqueado puede ser remediado con algo que se mueva, como campanas de viento o un acuario. Los efectos cortantes de la energía aguda pueden ser suavizados con plantas, tejidos o cristales. En el siguiente capítulo podrá encontrar más información para contrarrestar energía negativa. También diríjase a la tabla 7.3.

Feng shui con la familia y compañeros de cuarto

Su espacio personal —la alcoba, el estudio (o simplemente el área del escritorio), el taller o el cuarto de costura— debe ser balanceado para su energía. Otros miembros de su familia necesitarán desarrollar el feng shui para sus propias áreas. Puede hacerlo para niños pequeños, asegurando una atmósfera saludable a su alrededor. En habitaciones compartidas es importante equilibrar la energía a fin de que sea favorable para todos.

Debido a que la sala es usualmente un lugar de actividad, usar el feng shui en esta habitación puede tener un fuerte efecto sobre la energía de toda la casa. Además de los aspectos del cuadrado mágico, las áreas de la sala se relacionan a miembros específicos de la familia. Se basan en los ocho trigramas del *I Ching* (diríjase a la tabla 4.1). Teniendo en cuenta las extensas y mezcladas familias de hoy día, tal vez deba modificar las asignaciones de áreas para que correspondan a los miembros de su hogar.

En la alcoba, considere su dirección y puntos de poder para ubicar la cabecera de la cama (y su chakra de la corona). Le proveerán energía vital para renovar su cuerpo mientras duerme. Si el grupo energético de su pareja es opuesto al suyo, deberá usar una posición que sea cómoda para ambos. Podría ubicar la cama donde haya sectores colindantes tales como Noroeste y Norte, Norte y Noreste, Noreste y Este, o Sur y Suroeste. Estos sectores brindan un terreno común y pueden ser la clave para una solución. Experimente hasta encontrar lo que funciona mejor para usted y su pareja.

---

1. Webster, *Feng Shui for Beginners*, 45–46.

2. Lin, *Contemporary Earth Design*, 40, 47.

3. Webster, *Feng Shui for Beginners*, 77.

4. Govert, *Feng Shui*, 9.

5. Streep, *Sanctuaries of the Goddess*, 84.

CAPÍTULO CINCO

Uso tradicional de gemas y cristales en el feng shui

El comienzo

Hay tres formas de usar gemas y cristales en el feng shui. Una es utilizar las piedras para invocar equilibrio elemental a fin de proveer un ambiente saludable. La segunda usa el color de la gema junto con el cuadrado mágico o el cuadrante de Lo Shu para cambiar su vida y ayudar en la curación. El tercer método invoca el poder de las piedras preciosas que simbolizan las influencias del mes en que usted nació. Antes de aprender cómo emplear estos métodos (que son cubiertos en capítulos posteriores), es importante entender los fundamentos del feng shui tradicional chino y cómo figuraban originalmente en él las gemas y cristales. Otros usos de éstos también han sido incluidos aquí.

Tabla 5.1—Los tres principios para crear buen Feng Shui

1	Conocimiento	Valore su entorno para encontrar fuentes de energía negativa.
2	Ajuste	Corrija y protéjase de la energía negativa.
3	Activación	Cree y aumente el flujo de energía positiva.

Cuando se inicie en el feng shui (tanto como en el tradicional chino o con gemas), es importante que valore su entorno antes de cambiar cosas. La tabla 5.1 muestra los tres pasos básicos o tres principios para crear buen feng shui.

Desarrollar el feng shui en una habitación o en toda la casa (o apartamento), no significa que debe cambiar por completo su decoración, reorganizar todos los muebles o utilizar un gran tractor para remover cosas acumuladas. En muchos casos es un simple reordenamiento de unas pocas cosas o la introducción de uno o dos objetos nuevos en una habitación.

La clave del éxito es comenzar en pequeño. No trate de abordar toda la casa a la vez. Empiece con una habitación o un área dentro de ella. Tome su tiempo, cambie cosas atentamente, luego viva con este cambio para valorar cómo lo afecta. Si algo no funciona, intente otra cosa hasta que encuentre lo apropiado para usted. Lo que sirve para un amigo o pariente puede no funcionar en su caso porque la energía de cada persona es única. No tema ensayar algo diferente si desde el fondo de su corazón siente que es lo correcto.

Es importante mantener el concepto del buen feng shui creado, ya que este es un proceso dinámico. El flujo de energía cambia con el clima y las estaciones así como su propia energía puede hacerlo. La mayoría de personas se siente más alegre en un día soleado primaveral que en una húmeda noche de invierno. Nuestra dinámica personal cambia al igual que nuestras casas.

Flechas venenosas o secretas

Las flechas venenosas son ángulos agudos que enfocan un dañino punto de energía. Pueden ser proyectadas por la esquina de una pared interior, muebles con ángulos agudos o el borde del techo de un vecino que apunta hacia su casa. El primer paso es identificar cualquier potencial flecha venenosa dentro y fuera de su vivienda.

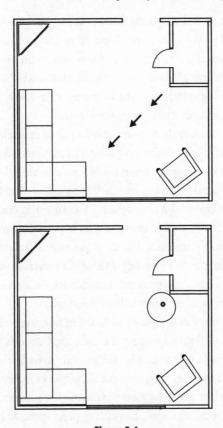

Figura 5.1
Una flecha venenosa desde el ángulo agudo de una pared saliente puede ser remediada con una mesa redonda frente a la esquina.

En la figura 5.1, la flecha venenosa de la pared saliente podría causar problemas —tensión, dolores de cabeza, malestar estomacal— a una persona que se siente en el sofá al otro lado de la habitación. Una forma de remediar esto es detener la flecha venenosa colocando un objeto (tal como una mesa redonda) enfrente del ángulo agudo. También se puede colgar un pequeño cristal en el techo a unas seis pulgadas del ángulo. Esto neutraliza la energía aguda con energía de cristal positiva. La negatividad también podría ser contrarrestada colocando un bagua de gemas sobre la mesa. Si el ángulo del techo de un vecino u otra estructura afuera de su casa produce una flecha secreta, un cristal o una gema sobre la repisa de una ventana u otra área donde la energía penetre a su casa, dispersará la negatividad. Los cristales y piedras protectoras incluyen la ágata, aguamarina, cornalina, lapislázuli, malaquita y obsidiana.

La forma exterior de su casa también puede causarle problemas. Un techo con mucho declive, o múltiples techos en diversas alturas, pueden hacer que la prosperidad ruede lejos o se aleje de su vivienda. Canalones redondeados, o unos cuantos espejos o cristales a lo largo de la parte inferior del techo, ayudarán a retener la energía y evitar que se disperse. Cualquier estructura en la parte superior de la casa —una extensión, chimenea, antena— que esté demasiado alta y desproporcionada, puede atraer negatividad. Contrarreste esto con cristales u objetos que activen energía beneficiosa. Pueden ser colocados sobre el techo, en el desván o la habitación abajo.

Las calles no sólo son para que circulen nuestros vehículos, sino también para el flujo de energía. La calle ideal debería tener curvas moderadas que le permitan a la energía fluir suave y libremente, de tal forma que sea más yang que yin pero que esté aún balanceada. Las calles anchas que se angostan rápidamente fuerzan la energía a moverse a mayor velocidad. Las curvas pronunciadas hacen que la energía se mueva irregularmente, creando ondas que pueden estrellarse en casas cercanas. Los cristales pueden ser usados para dispersar energía caótica y calmar la energía que entra a su casa. Pueden ser puestos en repisas de ventanas que den a la calle, suspendidos encima de la puerta principal, o colocados afuera sobre un pórtico o reborde de ventana.

El lado malo de una calle concurrida es un callejón sin salida, que tiene el potencial de atrapar energía y permitir que se vuelva demasiado yin. Los cristales, gemas y otros recursos del feng shui pueden ser utilizados para activar energía. Siempre que haya movimiento y no se presenten estancamientos, un callejón sin salida puede realmente crear un depósito de energía en calma con sólo la cantidad apropiada de yang para el equilibrio.

La entrada de su casa

La puerta principal de su vivienda brinda el mayor espacio para que la energía entre a ella. Si algo causa un bloqueo aquí, la energía no entrará ni circulará libremente para crear un ambiente balanceado. Es importante que la energía tenga una ruta de acceso libre a la entrada principal de su casa. También necesita espacio (y tiempo) para empezar la transición del mundo externo al interno. La energía que usted requiere para influir los aspectos de su vida está a punto de cruzar su umbral y usted puede anunciar cosas positivas en lugar de negativas. Aquí es donde fija la intención acerca de usted mismo y lo que quiere; su entrada es un mensaje al mundo de su ser. Si la aproximación al mundo de su casa es amigable, la energía que necesita le llegará.

La puerta principal y la entrada deben estar en proporción a la casa. Una entrada pequeña permitirá el flujo de una cantidad de energía apropiada para la puerta, pero tal vez no suficiente para circular a través de la casa. Las bendiciones y la abundancia podrían atascarse en los escalones exteriores de la puerta. Igualmente, una entrada con un tamaño demasiado grande para una casa, atraerá más energía que la apropiada y colmará el espacio interior. Los cristales pueden ayudar a regular el flujo de energía.

Si su casa está situada frente a un cruce en T, la energía en rápido movimiento bombardea su puerta principal. Si vive en un apartamento y su puerta de entrada se encuentra al final de un largo pasillo, la energía fluye rápidamente al vestíbulo e inunda su vivienda. Un cristal colgado cerca a la parte externa de la puerta principal, proveerá protección contra la corriente turbulenta de energía además de suavizar el flujo antes de que entre a su casa.

Una puerta principal que abre frente a una pared en un pequeño vestíbulo, puede impedir que la energía entre y circule a través de la casa. La energía que pasa por la puerta encuentra la pared y la mayor parte fluirá de regreso fuera de la vivienda. Colocar un espejo frente a la puerta reflejaría la energía aun más rápido. Para hacer que la energía entre, cuelgue un cristal encima de la puerta.

Si su casa tiene un vestíbulo largo que llega a un extremo sin salida (y no hay puerta trasera), es importante mantener el área despejada y bien iluminada. La energía puede quedar atrapada en el final de dicho pasillo, pero el uso de cristales ayudará a mantener la circulación. Si su casa tiene un corredor central con la puerta principal y trasera alineadas, la energía puede cruzar directamente antes de poder llegar a otras habitaciones. Un cristal cerca de cada puerta (y cualquier otra entrada a lo largo del pasillo) actuará como policía de tránsito para disminuir la velocidad de la energía y circularla.

Dentro de la casa

El comedor

El comedor es un lugar para comer y socializar. Es un área donde las familias se reúnen para alimentarse y con mucha frecuencia para discutir o tomar decisiones. Un comedor formal puede tener una araña de luces, que adiciona movimiento y color a la habitación cuando la luz se refleja en ella. Cualquier accesorio de luz sobre la mesa —que no sea demasiado brillante— ayudará a estimular la energía. Los cristales y gemas en mesas suplementarias aumentarán la energía beneficiosa en la habitación. Las alacenas altas en el comedor pueden producir ángulos agudos de energía como borde saliente de una pared. El mismo remedio mencionado antes puede ser aplicado, suspendiendo un pequeño cristal o gema en el techo, a aproximadamente seis pulgadas enfrente de la flecha secreta.

Ventanas

Las ventanas grandes permiten el paso de más energía que las de vidrios pequeños. Las ventanas muy grandes y las puertas de corredera pueden crear problemas al permitir que una abrumadora cantidad de energía entre a la habitación. Un tazón con cristales o gemas sobre la repisa de la ventana o una mesa frente a ésta, puede apaciguar el flujo de energía. Use piedras lisas y redondas para este efecto suavizador.

Chimenea

Una chimenea es usualmente muy apreciada en los hogares. En el pasado era el corazón de la casa. Se usaba para cocinar y servía como la principal o única fuente de calor. Los miembros de la familia se reunían frente a ella y junto a los invitados para calentarse. Cualquiera que haya permanecido un buen rato frente a un crepitante fuego conoce su mágico y tranquilizante efecto. Una chimenea provee un espacio especial para que la energía entre a la casa. Manténgala limpia. Las gemas y cristales colocados alrededor de ella brindan protección, y ayuda a que entre al hogar energía suave.

Muebles

El sofá es usualmente el mueble más usado en una casa y necesita el apoyo de una pared detrás de él. Si el suyo no tiene este apoyo, y siente que podría estar causando problemas, ponga una mesa paralela detrás para amortiguar la energía. Uno o dos cristales sobre la mesa detrás del sofá pueden proveer un depósito de energía protectora.

Evite poner un sofá frente a una entrada. Un sofá que mira hacia la puerta deja a sus ocupantes vulnerables a una corriente fuerte de energía que puede entrar a la habitación; pueden quedar agotados. Sentándose de espaldas a la puerta, las personas están desprotegidas y vulnerables. El flujo natural de energía —a través de usted o su casa— es del frente hacia atrás. Imagínese parado de espaldas a los rompientes en el mar. Lo más probable es que se sienta vulnerable porque no puede ver lo que se aproxima ni usar las manos para protegerse. Con la energía fluyendo sobre usted de atrás hacia adelante, no podrá protegerse de la negatividad. La energía personal se irradia desde el centro del corazón. Para evitar la vulnerabilidad —si coloca el sofá frente a la puerta funciona mejor en su sala— ponga un cristal encima o cerca de la puerta para limpiar la energía que entra de cualquier negatividad que pueda traer.

Los muebles puestos contra la pared crean rincones donde la energía puede estancarse. Para remediar problemas que surgen por esta situación, ponga una planta en el rincón formado por los muebles o cuelgue un cristal encima de él. Sobre los tableros pueden ser colocadas otras gemas activadoras de energía tales como el citrino, granate, jaspe o sardónice.

Vigas expuestas

Las vigas son decorativas, pero pueden ser una fuente de problemas. Las vigas con extremos puntiagudos crean flechas secretas que caen sobre los ocupantes de la habitación. Debido a que la energía debe fluir alrededor y debajo de ellas, sentarse bajo vigas expuestas crea un remolino de energía sobre su cabeza. Si la mejor posición para el sofá o las sillas es bajo una viga, podría poner una planta trepadora o rastrera para que crezca a lo largo de la viga, y luego esconder unas cuantas gemas en las hojas.

La sala

La sala tiene un área especial llamada el *rincón de la riqueza*. Esto es adicional a los atributos del cuadrado mágico que pueden caer en dicho sector. El rincón de la riqueza no es determinado por la dirección de la brújula, sino por su localización respecto a la entrada principal de la casa. Párese en la puerta de la sala y dé un paso normal en la habitación. Voltee a la izquierda y mire hacia el techo; ese es su rincón de la riqueza. Si la sala tiene dos o más puertas, use la que esté más cerca a la entrada principal de la casa (Figura 5.2).

Un pequeño cristal suspendido del techo aproximadamente a seis pulgadas del rincón de la riqueza, activará energía beneficiosa. En el feng shui tradicional también se utiliza un montón pequeño de monedas brillantes, un objeto verde o una ilustración de algo que simbolice prosperidad. En el feng shui con gemas, los cristales y piedras que particularmente atraen prosperidad incluyen el berilo, la crisoprasa, la iolita y la piedra de la Luna.

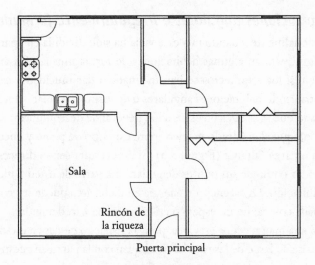

Figura 5.2
El rincón de la riqueza.

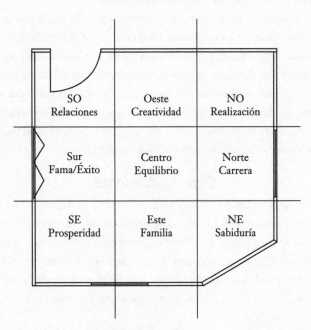

Figura 5.3
Las habitaciones angulares cortan ciertos aspectos de su vida.

Habitaciones angulares e irregularmente formadas

Ocasionalmente, cuando una casa vieja ha sido dividida en apartamentos, resultan algunas habitaciones de forma inusual. En años
recientes, los arquitectos se han inclinado a dar unicidad a casas
construyendo habitaciones angulares o de forma irregular. Muchas
veces lo que se crea es una sensación general de desequilibrio.

Coloque el cuadrado mágico sobre este tipo de plano y encontrará un área faltante (Figura 5.3). Si ésta resulta ser su dirección
de poder o uno de sus puntos de poder, una parte de usted falta en
la habitación. La carencia de energía en dicha área puede ser com-
pensada colocando un espejo o cristal sobre la pared angular.

Si una puerta ocupa esta área, ponga cristales o gemas en estantes
o mesas a lo largo de las paredes que lindan con la pared en cuestión.
Ellos harán que la energía se mueva en este sector bloqueado. Creando una sensación de espacio y luz, el cristal ayuda a "llenar" el área
angular que ha sido removida de la habitación.

Los aspectos asociados con el sector afectado de la habitación
también ayudarán a determinar cómo remediar la situación. Como
lo ilustra la figura 5.3, el rincón Noreste de una habitación contiene
una pared angular. Esta dirección está asociada con sabiduría y conocimiento. Para compensar el área faltante, ponga una gema que simbolice sabiduría en esa parte de la habitación. Puede usar amatista,
jade, rodonita y turmalina. (Vea en la figura 4.5 otros aspectos asociados con esta dirección que podrían ser afectados).

Otras aplicaciones

Si está desarrollando el feng shui en su sitio de trabajo u oficina,
Jami Lin sugiere colocar una bola de cristal en el área de la carrera
(dirección Norte en el cuadrado mágico) de la habitación o sobre su
escritorio, a fin de proveer una "visión clara" para atraer el éxito.[1] La
bola de cristal también puede ser puesta en el área de la riqueza
(Sureste) de la oficina o escritorio para estimular su capacidad de
incrementar la riqueza.

Los prismas de cristal son usados en el feng shui tradicional para dispersar energía negativa además de dirigir energía saludable. Pueden ser colgados en una ventana que dé a una calle concurrida para desviar chi en rápido movimiento, o suspendidos en un vestíbulo débilmente iluminado para adicionar luz y activar energía lenta. Los prismas de cristal pueden ser utilizados en la mayoría de situaciones donde se recomiendan campanas de viento o espejos.

---

1. Lin, *Contemporary Earth Design*, 195.

Gemas para el equilibrio elemental

Flujo natural de energía

Como se mencionó en el anterior capítulo, un método de usar las gemas y cristales en el feng shui es para lograr el equilibrio elemental. Cuando la energía entra a su casa necesita circular libremente para mantener latente la fuerza vital de la vivienda y la suya.

Como también se mencionó anteriormente, al comienzo es mejor aplicar los principios del feng shui a pequeña escala en su casa para evitar sentirse abrumado por la tarea. Sin embargo, es importante tener una visión global de la vivienda antes de hacer cambios. Un problema con el flujo de energía en una habitación puede tener su raíz en otra o en el movimiento energético general a través de la casa (arriba y abajo si tiene varios pisos).

Una habitación puede afectar a otra. Aunque una habitación tenga correctos los colores, los objetos y la localización de las cosas para un buen equilibrio, si la habitación contigua emana negatividad, la primera será afectada. Una habitación donde los elementos están siguiendo el ciclo de destrucción agotará la energía de otras. Cuando los elementos están descompuestos, el yin o yang extremos arruinarán el equilibrio de toda la casa.

Empiece con una valoración del plano general de la casa y los pasillos que conectan las habitaciones, luego examine cada habitación individualmente. Determine las áreas que requieren modificación y

71

priorice la importancia de éstas. Tome una a la vez y reevalúe su plano general cuando haga cambios. No asuma inmediatamente que deberá hacer modificaciones. Muchas partes de su casa quizás ya están en armonía y equilibrio.

En algunas habitaciones puede acentuar un elemento en particular, o tal vez se sienta más a gusto con unos elementos que con otros. Lo más probable es que encuentre más acogedores los elementos asociados con su dirección de poder y grupo energético. Aunque los otros elementos no le brinden una sensación de calidez y confort, es esencial que tenga los cinco representados en su casa para un equilibrio general de la energía.

Cuando los elementos están en equilibrio, la energía armoniosa creada es llamada *sheng chi*, también conocida como "transpiración cósmica del dragón".

Ciertas gemas están asociadas con los cinco elementos del feng shui. Las piedras principales o sus alternativas pueden ser utilizadas (Tabla 6.1). También puede dirigirse al cuadrado mágico elemental para información sobre cómo balancear la energía y/o influir en determinados aspectos de su vida (Figura 6.1).

Una rápida ojeada de la figura 6.1 revela información interesante. El elemento más dominante es tierra, que ocupa tres de los nueve sectores. Podemos considerarnos seres nacidos de la madre tierra que estamos destinados a regresar a ella al morir, así que una mayor proporción de este elemento nos ayudará a mantener esa conexión. La madera y el metal tienen dos sectores cada uno para controlar el fuego y el agua (los cuales tienen sólo un sector), que son elementos fuertes con gran poder destructivo. Este cuadrante ilustra las proporciones básicas para el equilibrio y qué área de una habitación o casa posee más de un elemento en particular.

Haga un plano a escala de su apartamento o cada piso de su casa. Luego haga un cuadrado mágico a la misma escala en un papel para calcar. Con una brújula magnética, determine cuál dirección es el Norte. Dirija su plano en la dirección correcta, luego coloque el cuadrado mágico sobre él. Esta orientación del cuadrado será la misma para cada habitación individual (Figura 6.2).

Tabla 6.1—Asociaciones de elementos/gemas

Elemento	Dirección	Gema	Alternativa
Fuego	Sur	Peridoto (nace del fuego; encontrado en rocas volcánicas y meteoritos).	Obsidiana (formada de lava caliente).
Metal	Oeste Noroeste	Malaquita (57 por ciento cobre).	Azurita (otro mineral relacionado con el cobre).
Madera	Este Sureste	Azabache (formado de plantas leñosas).	Ámbar (de resina de árboles antiguos).
Tierra	Suroeste Noreste	Andalucita (conocida como "piedra de la tierra").	Turmalina (llamada "algo pequeño de la tierra").
Agua	Norte	Ópalo (puede contener de 3 a 10 por ciento de agua).	Perla (formada por criaturas del mar).

Noroeste	Norte	Noreste
Metal Malaquita Realización	Agua Ópalo Carrera	Tierra Andalucita Sabiduría
Oeste	**Centro**	**Este**
Metal Malaquita Creatividad	Tierra Andalucita Armonía	Madera Azabache Familia
Suroeste	**Sur**	**Sureste**
Tierra Andalucita Relaciones	Fuego Peridoto Fama/Éxito	Madera Azabache Prosperidad/Valor

Figura 6.1
Cuadrado mágico elemental.

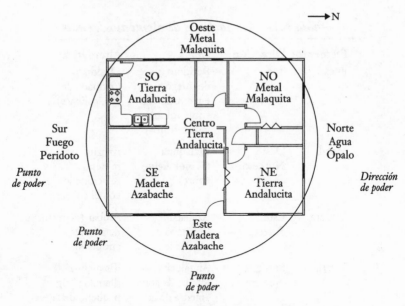

Figura 6.2

Elementos direccionales sobrepuestos en un plano. Este ejemplo ilustra la dirección y los puntos de poder para una persona con un número pat zu de 1, y quien está en el grupo energético del Este.

Fuego

Para muchas personas la cocina es el corazón de la casa, donde amigos y parientes se reúnen para compartir comida, conversación y la vida en general. Es un lugar que engendra calor y seguridad. El equilibrio elemental y el movimiento de energía a través de la cocina y el área del comedor son importantes, ya que cocinar y comer son actividades vitales para la salud, la curación y el bienestar.

Tradicionalmente, el Sur y el Sureste son consideradas las mejores direcciones para una cocina; los vientos que venían en esa dirección eran considerados auspiciosos para encender un fuego. En el ciclo de producción elemental, la madera es quemada para crear fuego. En la ilustración de la figura 6.2, parte de la cocina ocupa el sector sur del plano. Más importante aun, en la cocina misma, la estufa está ubicada a lo largo de la pared sur y puede atraer la fuerza del fuego purificador.

Es importante estar seguro de que el fuego no afecte otros elementos en la cocina o cause una "lucha". Un fregadero o un refrigerador localizado junto a la estufa puede causar discordancia elemental, ya que representan el elemento agua, el cual extingue el fuego. Si tiene esta configuración en su cocina, ponga azabaches y andalucitas entre la estufa y el fregadero o refrigerador para moderar ambos elementos. La andalucita representa tierra, la cual modera el fuego, y el azabache representa madera, que a su vez modera el agua. Alinee las piedras de tal forma que el azabache toque el fregadero pero no la estufa (la madera aumenta el fuego). Deje que la andalucita haga contacto con la estufa.

Ponga peridoto en el sector sur de su casa o habitación (dondequiera que esté practicando el feng shui) para atraer el éxito. El tamaño de la gema que emplee para el feng shui, no es tan importante como la intención que tenga cuando coloque la piedra en un determinado lugar. La claridad del propósito es esencial para manifestar deseos en el mundo físico.

El clima y las estaciones afectan la energía de una habitación y la potencia del elemento. En días lluviosos y monótonos nos sentimos desanimados debido a la fuerza de la oscuridad, la humedad y el frío, o energía yin. En esos días, provea la energía yang en su casa aumentando la energía del fuego. Ponga peridoto en áreas que necesiten ser activadas. Ya que la fuerza del fuego disminuye con el frío, en los meses de invierno puede mantener más peridotos y otras gemas que invoquen fuego para colocar alrededor de la casa. Luego, debido a que el fuego es más fuerte en el verano, debe guardar las piedras extras. El elemento fuego también es amplificado durante la Luna llena, que es un buen tiempo para que limpie sus piedras de fuego extras antes de guardarlas.

La sala es un lugar que debería tener más energía yang que yin. Usualmente es el centro de relajación y actividad social. Ya que frecuentemente es una de las más grandes y ocupadas habitaciones de la casa, la energía yang extra creada aquí transmite vitalidad al resto de la casa. Si tiene una chimenea en su sala, estudio o habitación familiar (todas las áreas de actividades orientadas a la familia), la localización sobre una pared sur aumenta la energía yang del fuego. Durante los meses de verano, cuando la chimenea no se utiliza, podría colocar un pequeño peridoto sobre el manto de la chimenea para mantener el nivel de yang al cual está acostumbrado. Ya que el elemento fuego es más fuerte en los meses con mayor calor, no necesitará mucha activación.

Recuerde los ciclos elementales de aumento y disminución. El uso de azabache en el Sur ayudará a activar el fuego, ya que esta piedra representa la madera, que a su vez aumenta el fuego. El ópalo —que representa el agua— puesto en el Sur dominará los efectos del fuego, pues el agua extingue dicho elemento. Si encuentra que necesita moderar el elemento fuego, use un poco de andalucita, que representa tierra, en el Sur. La tierra controla el fuego pero no lo destruye.

Agua

El agua es el otro elemento fuerte que tiene sólo una posición en el cuadrado mágico; su dirección es el Norte.

Generalmente, este elemento es útil cerca a la entrada de la casa para ayudar a que la energía (y junto a ella abundancia y prosperidad) fluya en el hogar. También ayuda a calmar y suavizar energía turbulenta antes de que entre. Si tiene una pequeña fuente o un baño para pájaros en el patio frontal, oculte un ópalo cerca de su base para amplificar el elemento agua. Si no tiene un elemento de agua ahí, o vive en un edificio de apartamentos, suspenda un ópalo encima de la puerta principal o póngalo sobre el marco de ésta en la entrada.

Mientras activar el elemento agua en el frente de la casa ayuda a que las cosas buenas fluyan a su vida, acentuar fuertemente el agua detrás de la vivienda hace lo opuesto drenando la prosperidad. Si tiene un arroyo, estanque u otra extensión de agua directamente detrás de su casa, podría moderar los efectos del líquido poniendo azabaches en las repisas de las ventanas que dan hacia el agua. Además, recuerde que este elemento destruye el fuego, así que use el ópalo cuidadosamente y con una intención clara en el sector sur de su casa o propiedad. Esté en armonía con el equilibrio general de elementos.

Dentro de la vivienda, el agua requiere un cuidadoso equilibrio. El cuarto de baño es un lugar donde material y energía indeseados e innecesarios se eliminan del cuerpo. Es importante que la negatividad no pase de este cuarto a otros. Por otra parte, el baño también es un lugar para limpiarse y reunirse (muy fuertemente) con el elemento agua. Por su naturaleza, este es un cuarto difícil de balancear. El principal problema es que la energía que se mueve a través de la casa fácilmente es drenada en esta área.

Idealmente, el cuarto de baño debería estar situado en la parte trasera de la casa —la energía se mueve del frente hacia atrás—, ya que esto ayuda a reducir la posibilidad de esparcir la negatividad a otras habitaciones. Contrarreste el elemento agua con azabache (la madera modera el agua). Donde el elemento agua se sienta extremadamente fuerte e inquietante, podría usar una pequeña andalucita. Sin embargo, debido a que la tierra destruye el agua, deberá hacer esto con la clara intención de no anular totalmente dicho elemento. Deshacerse por completo de un elemento no permitirá que otros existan en equilibrio. Si se le dificulta balancear los elementos en el cuarto de baño, la solución tradicional es poner un espejo en la parte exterior de la puerta. Esto hará que el área desaparezca simbólicamente. Un cristal de cuarzo claro o blanco logrará el mismo resultado.

La ubicación menos favorable para el cuarto de baño es el centro de la casa. Una rápida ojeada al cuadrado mágico le mostrará que el centro es el lugar del espíritu, el equilibrio y la armonía para toda la vivienda. Ya que también se considera el corazón de la casa, la acción del agua puede sacar el alma de ella. Definitivamente use cuarzo en esta situación.

Otro lugar donde podría hacer que desaparezcan las energías negativas del baño, es una localización vista inicialmente cuando alguien entre a la casa. Pero el desagüe y la eliminación no es la primera impresión que desearía proyectar en su casa. Además de mantener la puerta cerrada, ponga un cristal de cuarzo y una azurita o amazonita justo afuera del cuarto. Estas gemas trasformarán la energía y le proveerán más fuerza vital yang, además de ayudar a impedir que la negatividad reciba a sus parientes e invitados cuando entren a la casa.

Un cuarto de baño en la alcoba es conveniente, pero también puede drenar la energía (Figura 6.3). Un flujo de energía saludable en el dormitorio es vitalmente importante para la calidad de su sueño y bienestar general. La mejor solución es mantener cerrada la puerta de baño, en especial si está localizada directamente frente a la puerta de la alcoba o una ventana, para evitar que la energía sea arrastrada con facilidad. Ponga gemas tales como la amatista o el azabache sobre la repisa de la ventana para calmar y retener la energía, de tal forma que no fluya inmediatamente hacia el baño. Otras piedras colocadas alrededor de la alcoba estimularán la circulación de la energía.

Si la única posición para su cama es frente a la puerta del dormitorio o el baño, use gemas protectoras como el ametrino, el coral o la turmalina para proveer un flujo saludable de energía alrededor de usted mientras duerme.

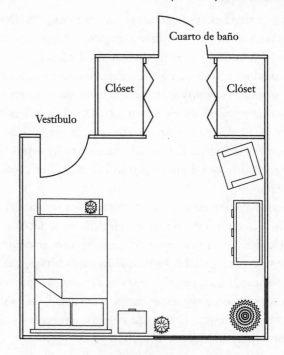

Figura 6.3

El cuarto de baño en el dormitorio puede drenar la energía de su alcoba. Además, la puerta del vestíbulo aquí es una potencial flecha venenosa.

Tierra

El elemento tierra es vital para nuestro bienestar general. Desde tiempos antiguos, la gente ha venerado la madre tierra. Los científicos han propuesto la teoría de Gaia, que considera a la tierra como un solo organismo del cual somos parte. En el feng shui es el elemento en el centro del cuadrado mágico —es la órbita y el movimiento de la tierra lo que introduce el cambio de estaciones y nos brinda noche y día—. Son sus ciclos lo que seguimos. Como individuos, nos sentimos más saludables y fuertes cuando estamos "conectados a ella".

Ya que la tierra es tan importante para nosotros, este elemento ocupa tres sectores en el cuadrado mágico —Suroeste, centro y Noreste (Figura 6.1)— para formar un eje alrededor del cual son organizados los otros elementos. Fortalecer la energía de la tierra en estos sectores trae una mayor armonía de elementos en toda la casa.

Como se mencionó anteriormente, el centro de la casa es importante porque es el lugar del espíritu. La energía saludable aquí trae buena suerte a la familia. Una andalucita en esta área estimulará el flujo de energía terrestre mientras mantiene a la familia conectada con la tierra.

La forma del terreno era importante para los antiguos chinos y europeos. Una de las características más edificantes del envolvente paisaje (madre tierra) es el apoyo que puede proveer desde atrás. Este apoyo en el feng shui es llamado *colinas de la tortuga*, que deberían conformar la característica más alta del entorno que rodea la casa. Ya sea que usted viva en el campo o la ciudad, este apoyo es importante para activar el flujo de energía apropiado —ni muy rápido ni demasiado lento—.

Ya que sólo unos pocos poseen el terreno ideal para ubicar sus viviendas, el feng shui ofrece un número de soluciones. El feng shui con gemas sugiere colocar andalucitas a lo largo del perímetro trasero de la propiedad. Pueden ser ubicadas a lo largo de una cerca o atadas a ella, o incluidas en un arreglo de jardín. Esto también puede combinarse con una de las soluciones tradicionales de sembrar árboles en la parte trasera de la propiedad. La andalucita puede ser adicionada a una pequeña casita donde se alimentan los pájaros, o suspendida en árboles de la manera que usted considere apropiada. Si vive en un apartamento, ponga la andalucita sobre repisas de ventanas o a lo largo de una pared trasera. Empiece usando un par de gemas para ver cómo siente la energía, y adicione más si es necesario.

El elemento tierra es útil para entender la energía aguda que es producida desde la esquina saliente de una pared o mueble, o desde afuera por un techo angular u otra estructura puntiaguda que apunte hacia su casa.

Madera

La madera simboliza crecimiento y renovación. Como elemento del Este, representa la primavera y la mañana. Debido a que la madera usualmente es parte de un organismo vivo, su energía es muy yang. Mientras que es importante tener energía yang circulando libremente por toda la casa, la alcoba es un lugar donde debería moderarla.

Un flujo saludable de energía en la alcoba es esencial para la calidad de su sueño y por lo tanto su bienestar general. La atención debe enfocarse primero en la alcoba principal, o en la que duerme el sostén(es) del hogar, ya que es importante su salud y capacidad para apoyar la familia. A diferencia de otras habitaciones donde necesitará estimular energía yang, la alcoba es un lugar que debe tener ligeramente más yin, a fin que sea conducente al descanso. Deberá moverse sobre una línea delgada, pues demasiado yin puede crear una atmósfera deprimente. Asegúrese de que haya energía yang presente. Si usa azabache o ámbar en la alcoba, hágalo moderadamente.

A diferencia de la alcoba de un adulto, las habitaciones de los niños requieren más energía yang para fortalecer y apoyar sus crecientes mentes y cuerpos. Los niños necesitan absorber mucha energía vital para mantenerse sanos. Un par de azabaches puede proveer la estimulación necesaria para el flujo suave de energía yang. Sin embargo, no exagere. No use azabache cerca a la cama. Si encuentra que su hijo tiene problemas para quedarse dormido o no puede estudiar en su habitación, verifique que la energía yang no haya sido amplificada hasta el punto de ser caótica y perturbante.

Como elemento para el Este y el Sureste, la madera amplificada en estos sectores fortalece sus áreas de vida asociadas —familia y comunidad, y riqueza y recursos respectivamente—. La energía de la madera fluye hacia afuera, lo cual nos ayuda a llegar a otras personas. El uso del azabache puede ayudar a fortalecer relaciones. Ya que la madera estimula el crecimiento y la expansión, es bueno utilizar azabache en un área de estudio o cualquier lugar que se emplee para trabajar o manejar finanzas. Un azabache en la esquina sureste de un escritorio puede ser útil.

Metal

El elemento metal simboliza prosperidad. La energía de este elemento fluye hacia adentro, lo cual puede ayudarlo a atraer prosperidad y abundancia. Ponga una malaquita en el rincón de la riqueza de la sala. La energía del metal también es densa, así que los resultados que desea manifestar con ella pueden tomar tiempo para realizarse.

Las direcciones asociadas con el metal son Oeste (creatividad y proyectos) y Noroeste (realización y benefactores). Los aspectos de la vida relacionados son de gran alcance o a largo plazo, en proporción a la densa y más lenta energía de este elemento.

El metal es útil para proveer protección —piense en un escudo metálico—. Use malaquita para neutralizar un ángulo agudo o flecha venenosa. Si su casa está localizada dentro de una bifurcación de la vía, energías cortantes están siendo generadas por calzadas que actúan como tijeras. Ponga malaquitas a lo largo del perímetro de su propiedad que bordee las vías, para contrarrestar sus efectos negativos (Figura 6.4).

Sea cuidadoso al usar malaquita en los sectores Este y Sureste de una habitación (o área donde esté desarrollando el feng shui), ya que el metal destruye la madera y puede fácilmente alterar el equilibrio si es empleado intensamente.

Formas elementales

Los elementos no sólo están asociados a colores, estaciones y direcciones, sino también a formas. Éstas simbolizan el movimiento de energía de los elementos (Tabla 6.2).

Cuando sea posible, adquiera piedras para equilibrio elemental cercanas a sus formas asociadas. La combinación de vibración y forma de la gema aumentará la fuerza y pureza de su energía elemental. La forma ondulada para el agua puede ser creada con pequeños ópalos colocados en un patrón ondulado, o use la gema alternativa —una sarta de perlas—.

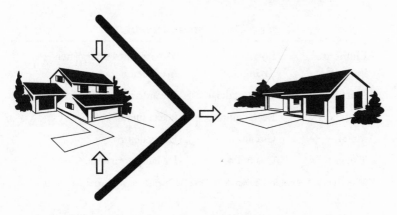

Figura 6.4

Una bifurcación o recodo en la vía puede crear un efecto cortante o una flecha venenosa, dependiendo de dónde esté localizada la casa.

Otra forma de emplear las gemas para equilibrio elemental en una habitación es crear un cuadrado mágico con ellas. Idealmente, debería ser hecho en el centro de la habitación. Para esto necesitará tres andalucitas, dos azabaches, dos malaquitas, un peridoto y una perla. Trate de tener todas las piedras de tamaño similar. Ya que el peridoto es más comúnmente disponible en piezas pequeñas, gemas adicionales pueden funcionar mejor. Distribuya todas las piedras en tres hileras de acuerdo a sus posiciones en el cuadrado mágico. Asegúrese de orientar el cuadrado en las direcciones apropiadas. Déjelo en su lugar por al menos uno o dos días antes valorar el efecto que puede tener sobre el flujo energético en la habitación.

Remueva otros objetos elementales del área que necesita ser balanceada y elabore el cuadrado mágico. Una vez que el área se sienta en equilibrio, reintroduzca los objetos, uno a la vez, para observar el efecto individual sobre la energía de la habitación. Podría dejar el cuadrado mágico en su lugar, no sólo por su efecto, sino también por su interesante configuración.

Tabla 6.2—Formas elementales

Elemento	Forma	Movimiento energético
Fuego	Triángulo	Ascendente
Agua	Línea ondulada	Meándrico
Madera	Rectángulo	Hacia fuera
Metal	Círculo	Hacia dentro
Tierra	Cuadrado*	De lado/horizontal

*Tal vez la frase "las cuatro esquinas de la tierra" se originó con la práctica del feng shui.

Si funciona bien el cuadrado mágico con gemas en el centro de una habitación, podría ensayarlo en el centro de su casa. Si la energía está balanceada en el corazón de la vivienda, emanará armonía a otras habitaciones.

Gemas para crear cambios

Color

Otro método para emplear las gemas en el feng shui es trabajar con los colores asociados a cada dirección y aspecto de vida del cuadrado mágico (Figura 7.1). Las gemas elementales mencionadas en

Noroeste—Gris	Norte—Negro	Noreste—Azul
Piedra de la Luna	*Espinela negra*	*Lapislázuli*
Realización	Carrera	Sabiduría
Ayudar personas	Viaje personal	Conocimiento
Padre	Base	Autocultivo
Oeste—Blanco	**Centro—Amarillo**	**Este—Verde**
Cuarzo blanco	*Citrino*	*Jade*
Creatividad	Equilibrio	Familia
Proyectos	Armonía	Ancestros
Hijos		Comunidad
Suroeste—Rosado	**Sur—Rojo**	**Sureste—Morado**
Cuarzo rosado	*Granate*	*Amatista*
Relaciones	Iluminaciones	Prosperidad/Bendiciones
Amor/Romance	Fama/Éxito	Valor personal/ neto
Madre	Reputación/Respeto	Recursos

Figura 7.1
Cuadrado mágico con colores.

el capítulo precedente, pueden ser usadas junto con estas piedras para amplificar los poderes asociados del elemento y la dirección. Al igual que en el feng shui tradicional, utilizar o acentuar estos colores específicos en sus respectivas áreas de una habitación, puede ayudar a influenciar un área de su vida.

Si está experimentando un problema particular en su vida, identifique en qué sector caería y luego examine las áreas de su habitación, casa o propiedad. Para estimular un flujo saludable de energía, ponga una gema asociada en ese sector de la habitación o el área donde está desarrollando el feng shui. Por ejemplo, si usted o su hijo están estudiando para un examen importante, coloque un granate rojo en el sector sur de la habitación o su escritorio para atraer el éxito. También podría usar un topacio azul en el sector noreste, ya que es el lugar del conocimiento y la sabiduría.

El feng shui no sólo sirve para corregir problemas, sino también para conseguir resultados. Decida lo que desea en su vida. Si es para edificar la comunidad, utilice jade en el sector este de la habitación donde desarrolla el feng shui. Si está trabajando para avanzar en su carrera, use espinela negra en el sector norte.

Aunque cada sector se asocia a una gema principal, cualquier piedra puede ser utilizada si tiene el color correspondiente. La tabla 7.1 es una rápida referencia de los colores de las gemas. Cuando las piedras son conocidas por nombres diferentes, ambos han sido incluidos.

Curación

Los sectores del cuadrado mágico también se relacionan con partes del cuerpo, que pueden beneficiarse con el uso del feng shui, o sufrir a causa del mal feng shui (Figura 7.2). El trabajo de estas áreas de la casa puede hacerse en conjunto con terapia de cristales en el cuerpo.

Para propósitos curativos, utilice una gema del color direccional apropiado (Figura 7.1) junto con una específica para la enfermedad (Tabla 7.2). Por ejemplo, si tiene dolor de cabeza puede

Tabla 7.1—Gemas listadas de acuerdo al color

Color	Gemas
Negro	*espinela negra*, augita, azabache, calcedonia, casiterita, clorita, coral, cuarzo ahumado, diamante, diopsida, epidota, jade, magnetita, melanita, obsidiana, ónix, ópalo, perla, turmalina.
Azul	*lapislázuli*, actinolita, ágata, ágata de encaje, aguamarina, alejandrita, axinita, azurita, benitoita, berilo, bismuto, calcedonia, celestita, cobalto, cordierita, corindón, crisoberilo, crocidolita, cuarzo, diamante, dumortierita, espectrolita, espinela, fluorita, hemimorfita, indicolita, iolita, jade, labradorita, lazulita, ópalo, smithsonite, sodalita, tanzanita, topacio, turmalina, turquesa, zafiro, zircón.
Verde	*jade*, ágata, alejandrita, amazonita, andalucita, apatita, augita, autinita, berilo, bismuto, calcita, clinozoicita, clorita, crisoberilo, crisoprasa, cuarzo, diopsida, dioptasa, enargita, epidota, esfena, esmeralda, espinela, fluorita, granate, heliotropo, hemimorfita, jadeita, jaspe, kunzita, malaquita, nefrita, ópalo, peridoto, prasiolita, restañasangre, smithsonite, tanzanita, topacio, turmalina, turquesa, venturina, zafiro, zircón.
Morado (violeta)	*amatista*, violane, alejandrita, ametrino, apatita, axinita, crisoberilo, cuarzo, escapolita, espinela, fluorita, granate, iolita, jade, kunzita, purpurita, smithsonite, sugilita, tanzanita, turmalina, zafiro, zircón.
Rojo	*granate*, berilo, bismuto, calcedonia, calcita, cinabrio, coral, cornalina, cuprita, espinela, fluorita, jaspe, ópalo, piedra del Sol, rodonita, rubí, topacio, tulita, turmalina, wulfenita, zafiro, zircón.

Tabla 7.1 continuación

Color	Gemas
Amarillo	*citrino*, ámbar, ambligonita, ametrino, andalucita, apatita, berilo, bismuto, brasilianita, calcedonia, crisoberilo, damburita, diamante, enargita, escapolita, esfena, fenacita, fluorita, jade, jaspe, ortosa, smithsonite, titanita, topacio, turmalina, witerita, zafiro, zircón.
Rosado	*cuarzo rosado*, ágata de encaje, apatita, berilo, bismuto, coral, damburita, diamante, escapolita, espinela, fenacita, kunzita, piedra de la Luna, purpurita, rodocrosita, smithsonite, topacio, turmalina, zafiro.
Blanco	*cuarzo blanco*, ágata, ágata de encaje, albita, anortita, apatita, aragonita, berilo, calcedonia, calcita, celestita, clorita, coral, cuarzo lechoso, diamante, espinela, fluorita, jade, labradorita, ónix, ópalo, perla, piedra de la Luna, turmalina, ulexita, witerita, zafiro, zircón.
Gris	*piedra de la Luna*, ágata, albita, anortita, aragonita, calcedonia, calcita, cerusita, cuarzo ahumado, enargita, hematites, iolita, perla.

Noroeste	Norte	Noreste
Cabeza	Riñón Oídos	Manos

Oeste	Centro	Este
Boca Vejiga	Bazo Páncreas	Hígado Pies

Suroeste	Sur	Sureste
Abdomen	Corazón Ojos	Caderas

Figura 7.2
Cuadrado mágico curativo.

Tabla 7.2—Gemas curativas

Enfermedad	Gema
Acné	Cuarzo rosado.
Ampollas	Cuarzo rosado.
Anemia	Hematita, granate, restañasangre.
Ansiedad	Venturina, amatista, amazonita.
Artritis	Lapislázuli, topacio.
Asma	Malaquita.
Bazo	Alejandrita, ópalo, perla.
Bronquitis	Aguamarina, venturina.
Bursitis	Ámbar, ágata de encaje azul.
Calambres menstruales	Cornalina, piedra de la Luna.
Calores	Piedra de la Luna.
Ciática	Turmalina verde, cuarzo ahumado.
Circulación	Restañasangre, cuarzo rosado.
Corazón	Citrino, ónix, rubí.
Diarrea	Turmalina negra, cuarzo ahumado.
Digestión	Ámbar, cornalina, citrino.
Dolor de cabeza	Amatista, aguamarina, turquesa, turmalina azul.
Dolor de cadera	Jadeita.
Dolor de espalda	Ámbar, turmalina verde.
Dolor de garganta	Ágata de encaje azul.
Dolor de oído	Ámbar, amazonita, aguamarina.
Dolores musculares	Jadeita.
Eczema	Zafiro.
Estómago	Aguamarina, azabache, peridoto.
Estreñimiento	Rubí, cuarzo ahumado, turmalina negra.
Fiebre del heno	Ágata de encaje azul.

Tabla 7.2 *continuación*

Enfermedad	Gema
Fiebres	Ópalo, rubí.
Glándulas suprarrenales	Turmalina negra.
Herpes	Jadeita, lapislázuli.
Hígado	Citrino, jade, topacio, ópalo, peridoto.
Huesos rotos	Turmalina verde, topacio.
Infección bacterial	Malaquita.
Infecciones	Malaquita.
Insomnio	Amatista, cuarzo ahumado.
Intestinos	Turmalina melada.
Jaqueca	Aguamarina, turquesa, turmalina azul.
Páncreas	Ágata, alejandrita, ópalo.
Paperas	Aguamarina, topacio.
Piernas	Jadeita, espinela.
Problemas oculares	Aguamarina, berilo, calcedonia, obsidiana, topacio, jade, ópalo.
Quemaduras	Ágata de encaje azul.
Reacción alérgica	Restañasangre.
Rescoldera	Peridoto.
Resfriados/Sinusitis	Azurita, amatista.
Riñones	Citrino, jade, ónix.
Salpullido	Ágata de encaje azul.
Sarampión	Turquesa.
Sinusitis crónica	Azurita, ágata de encaje azul.
Torceduras	Venturina.
Tos	Aguamarina, turquesa.
Várices	Ámbar, restañasangre.

Tabla 7.2 continuación

Enfermedad	Gema
Vejiga	Restañasangre.
Vesícula biliar	Cornalina, citrino, malaquita, esmeralda, turmalina verde.
Vómitos del embarazo	Piedra de la Luna, jaspe rojo, malaquita.

acostarse en el sector noroeste de su habitación y coger una piedra de la Luna en una mano y aguamarina o turquesa en la otra. Diferentes gemas pueden producir resultados distintos. Una piedra con la que ya esté familiarizado puede producir una cura más rápida. Como con todos los aspectos del feng shui (y la terapia con cristales), valore continuamente los efectos de su energía personal.

La tabla 7.2 provee una rápida referencia de las gemas usadas en curación. Aunque todos somos curadores y podemos trabajar para fortalecer y curar nuestro cuerpo, mente y espíritu con enfoques alternativos y holísticos de la medicina, es importante balancear nuestro trabajo personal con la práctica médica moderna. Trabaje con su doctor y use gemas para apoyar los tratamientos.

Además del cuadrado mágico, otras herramientas tradicionales funcionan en el feng shui con gemas. Reemplazando los trigramas, una brújula con gemas es creada a partir de la brújula pa tzu (Figura 7.3). Dicha brújula muestra una piedra para cada dirección; sin embargo, también pueden ser utilizadas otras de color similar. Usar una de las otras no implica menor energía o conexión con esa dirección, estación o elemento particular. Una selección de gemas es esencial para emplear la que funciona mejor para usted. Los patrones energéticos de cada persona son únicos y reaccionan en forma diferente, no sólo a distintos tipos de gemas, sino también a piedras individuales. Por esta razón es importante explorar una variedad de gemas y cristales cuando uno va a adquirirlos.

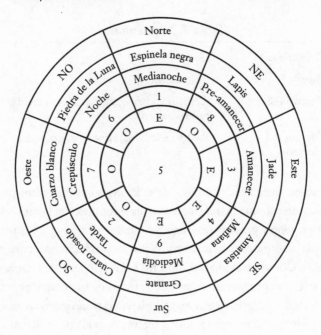

Figura 7.3
Brújula pa tzu con gemas.

Use esta brújula de la misma forma que la brújula pa tzu para identificar la gema, dirección y grupo energético que tiene mayor influencia sobre usted. Encuentre su número lo shu en la brújula (ver tabla 4.2). Por ejemplo, si su número de brújula es 1, su dirección de poder es Norte y la espinela negra lo influencia fuertemente. Quizás encontrará que está más a gusto en una casa ubicada en el Norte (con su parte trasera hacia el Norte), y puede elegir usar el negro con frecuencia. Tome su tiempo para explorar cómo se siente con su dirección, piedra y otros aspectos asociados con él.

Como se mencionó en el capítulo 4, su dirección en la brújula también está asociada con sus direcciones positivas y negativas (ver figuras 4.8 y 4.9). Las gemas pueden ser empleadas para ayudarlo a

Tabla 7.3—Gemas para ayudar a manejar las direcciones negativas

Gema	Poderes asociados
Ágata	Curadora general; buena para el equilibrio y conectarnos con la tierra; ayuda a atraer abundancia y buena suerte; promueve longevidad y fortaleza; brinda protección.
Aguamarina	Produce claridad mental; ayuda a tratar pérdidas, miedo y dolor.
Alejandrita	Ayuda a alcanzar el éxito; fomenta buena suerte.
Amatista	Curadora general —física y espiritual—; calma y transforma.
Amazonita	Promueve comunicación, claridad y confianza; dispersa energía negativa.
Ámbar	Curadora general; buena para equilibrio y calma; asociada con sabiduría y conocimiento.
Andalucita	Atrae el éxito; fomenta el liderazgo.
Apatita	Promueve la concentración y la armonía; ayuda al intelecto.
Azabache	Engendra honor y justicia; brinda protección en transiciones.
Azurita	Para limpieza y dirección espiritual; promueve la paciencia.
Berilo	Estimula la comunicación y aceptación.
Calcedonia	Alivia la melancolía; construye vitalidad.
Citrino	Estimula la creatividad y el valor personal; atrae prosperidad y estabilidad; brinda protección.
Coral	Elimina la negatividad; estimula relaciones; provee protección.
Cornalina	Ayuda en la creatividad y el valor personal.
Crisoberilo	Fomenta benevolencia y optimismo.
Crisoprasa	Ayuda en la comunicación y estabilidad.

Tabla 7.3 continuación

Gema	Poderes asociados
Cuarzo	Curación y equilibrio general —emocional y físico—; alivia la ira; revela falseamientos.
Diamante	Construye relaciones; atrae abundancia; apoya la longevidad.
Esmeralda	Provee perspicacia; una curadora que ayuda a sortear dificultades.
Espinela	Curación general; aumenta la capacidad de superar obstáculos y contratiempos; mejora la comunicación.
Fluorita	Protección y fortaleza en tiempos de transición.
Granate	Promueve confianza y éxito.
Iolita	Construye la confianza en sí mismo y fuerza interior.
Jade	Curadora general; promueve longevidad y sabiduría.
Kunzita	Brinda apoyo emocional.
Lapislázuli	Promueve fuerza interior y tranquilidad; aumenta el entendimiento.
Malaquita	Atrae lealtad y bienestar; ayuda a sortear contratiempos y dificultades.
Obsidiana	Provee conocimiento y nos conecta con la tierra; disipa las verdades a medias.
Ónix	Para controlar emociones y pensamientos negativos.
Ópalo	Estimula una visión más amplia.
Peridoto	Curación general —especialmente sentimientos heridos—; atrae el bienestar; construye vitalidad.
Perla	Induce el equilibrio emocional y la sinceridad.
Piedra de la Luna	Alivia el miedo; equilibra el yin y el yang; promueve protección a través del conocimiento.
Restañasangre	Atrae buena suerte y abundancia.
Rodocrosita	Brinda apoyo durante transiciones; atrae el bienestar.
Rodonita	Apoyo emocional a través de una visión más amplia.

Tabla 7.3 *continuación*

Gema	Poderes asociados
Rubí	Fortalece la autoestima e integridad; atrae y engendra generosidad; disipa el miedo.
Tanzanita	Para manejar cambios y enfrentar dificultades.
Topacio	Alivia tensiones; promueve comunicación; atrae abundancia.
Turmalina	Ayuda a tratar penas; disipa el miedo de cambio positivo; provee protección contra la energía negativa.
Turquesa	Curación general; protección contra la negatividad.
Venturina	Curadora general; fomenta el éxito en la carrera; ayuda en la creatividad.
Zafiro	Promueve claridad mental e intuición.
Zircón	Atrae prosperidad y abundancia.

tratar asuntos que pueden surgir de la localización de estas direcciones en su casa. Por ejemplo, en la figura 4.10, la dirección de la desgracia (Noroeste) está localizada en la cocina de la familia, lo cual podría fomentar enfermedades y una falta de vitalidad. Los ocupantes no deberían utilizar la piedra de la Luna o cualquier gema gris en ese lugar, porque se fortalecería el poder negativo de esta dirección. Utilice una gema tal como la restañasangre, que es una piedra de fortaleza, para neutralizar toxinas y atraer la buena suerte. La tabla 7.3 muestra una rápida referencia para emplear gemas a fin de fortalecer las direcciones positivas y combatir los problemas potenciales de las direcciones negativas.

Analice sus direcciones negativas para determinar si pueden o no estar afectando áreas de su vida. Estas direcciones sólo indican potenciales, y es importante abstenerse de buscar problemas que pueden no existir. Sin embargo, si hay asuntos en su vida que necesitan atención, dedique tiempo para examinarlos. Si un problema o contratiempo parece ser causado por falta de comunicación o mala comunicación, introduzca una crisoprasa o espinela en el área de dificultad o contratiempo de su habitación o casa. En las áreas de pérdida o desgracia puede emplear una gema que brinde protección. Si estos sectores contienen el escritorio o mesa donde maneja sus finanzas y no hay otro lugar para ubicarlo, trate de usar una gema que atraiga prosperidad.

CAPÍTULO OCHO

Gemas y cumpleaños

Piedras del mes de nacimiento

Aún personas que no tienen conocimiento sobre el feng shui o la terapia con cristales, saben cual es su piedra del mes de nacimiento. La "American Jeweler's List" (Lista de joyeros de América), compilada en 1912, popularizó el uso de ciertas gemas en la cultura norteamericana. En 1937, los joyeros británicos adoptaron su propia lista para "corregir" duplicados en las antiguas. Las dos listas llegaron a ser estándar en sus respectivos países. La principal intención al crearlas fue deshacerse de las incompatibilidades de las listas más antiguas. Hoy en día estas listas han sido ampliadas incluyendo alternativas, y otras han sido desarrolladas para acomodar tendencias de la moda. Mientras parece que hubiéramos regresado al siglo pasado, estas diversas listas ofrecen flexibilidad. Las piedras del mes de nacimiento pueden tener una influencia sobre nosotros; sin embargo, mientras más personas se sintonizan con su propia energía, encuentran que algunas cosas no se ajustan a todos. Habiendo dicho eso, la variedad de piedras del mes de nacimiento en todas sus formas ofrece un lugar para iniciar la exploración.

Las listas del joyero modernas se desarrollaron de la idea de que las gemas son más poderosas en ciertas épocas del año y dotan de suerte y buena fortuna a la persona que las usa. Los antiguos fueron observadores del mundo natural, lo respetaban y apreciaban sus

Tabla 8.1—Asociaciones de colores en Occidente

Blanco	Pureza, inocencia, verdad.
Azul	Cielo (espiritual), devoción, virtud.
Rojo	Amor, pasión, poder.
Verde	Crecimiento, esperanza, fe.
Morado	Tristeza, sufrimiento.
Amarillo	Amor de Dios, fe.

misterios. A través de estas observaciones, los colores se convirtieron en símbolos de vida. Los antiguos chinos incorporaron esto en su sistema de feng shui. En las culturas occidentales esta adaptación fue menos formal. El simbolismo de estas asignaciones de colores fue utilizado por la iglesia católica con más disposición. Piense en el traje talar de obispos (rojo) y el color predominante usado para celebrar la Pascua de Resurrección (morado) (Tabla 8.1).

La simbología de los colores y el uso de gemas por parte de líderes religiosos son aspectos documentados en la Biblia, en el caftán o pectoral de Aarón, hermano de Moisés (Éxodo 28:15–30). Las doce piedras que adornaban su traje talar representaban las doce tribus de Israel. El historiador romano Flavio Josefo tradujo la lista de gemas en lo que era conocido y popular en su tiempo. En 1913, George F. Kunz, gemólogo de Tiffany & Company, ofreció una "corrección" de la lista de Josefo.[1] Otro juego de doce gemas es mencionado en el libro de la Revelación 21:19–21, como las piedras base para el muro de la Jerusalén celestial (Tabla 8.2).

La mayoría de piedras en las dos listas bíblicas son las mismas, especialmente si tenemos en cuenta que las gemas recibieron diferentes nombres y con frecuencia fueron identificadas erróneamente. Por ejemplo, *topacio* era un nombre aplicado a un rango de piedras amarillentas, además del olivino, que es verde. Igualmente, *carbunclo* se refería a piedras rojas.

Tabla 8.2—Comparación de gemas bíblicas

Gemas en el pectoral de Aarón	Traducción de Flavius Josephus	"Corrección" de George Kunz	Piedras base para la Jerusalén celestial
Sardio (cornalina)	Sardónice	Cornalina	Jaspe
Topacio	Topacio	Crisólito (peridoto)	Zafiro
Carbunclo	Granate	Esmeralda	Calcedonia
Esmeralda	Esmeralda	Rubí	Esmeralda
Zafiro	Zafiro	Lapislázuli	Sardónice
Diamante	Diamante	Ónix	Sardio (cornalina)
Ligure* (Piedra preciosa del antiguo Egipto)	Ámbar	Zafiro	Crisólito (peridoto)
Ágata	Ágata	Ágata	Berilo
Amatista	Amatista	Amatista	Topacio
Berilo	Aguamarina	Topacio	Crisopraso
Ónix	Ónix	Berilo	Jacinto (zircón)
Jaspe	Jaspe	Jaspe	Amatista

Las doce gemas mencionadas en la Biblia fueron atribuidas a los meses. Debido a que las gemas ya representaban las tribus de Israel, y la simbología de colores estaba en uso, es lógico asociar las doce piedras con los meses del año. Si le llama la atención un talismán especial basado en su fecha de nacimiento, pero no le han atraído las piedras listadas por los joyeros, puede encontrar una de origen antiguo que se ajuste a usted mejor. Cuando estaba creciendo, sólo había oído que el topacio era la piedra de mi mes de nacimiento, pero me atraía el citrino y posteriormente descubrí que ésta también era considerada una piedra de noviembre. Las listas evolucionan y algunas pueden no concordar; la lista "moderna" incluida en la tabla 8.3 fue compilada de diversas fuentes.

A través de los siglos otras listas fueron creadas. Una de ellas fue elaborada por Isidoro, el obispo de Sevilla, en el año 635.[2] Otras piedras fueron usadas en Europa Occidental desde el siglo XV al siglo XX. La tabla 8.4 describe las piedras para su mes de nacimiento, pero finalmente siga su corazonada. Observe que, como en otras listas, hay una imbricación en los nombres de algunas gemas. El crisólito (peridoto) es un tipo de olivino; la aguamarina es una variedad de berilo.

Gemas y astrología

En la antigüedad los astrólogos creían que las estrellas asociadas con las doce figuras del zodiaco (los signos que marcan el camino del Sol y la Luna a través del firmamento) emitían energía especial, lo cual afectaba la vida en la tierra. También creían que ciertas gemas atraían las vibraciones puras de estos cuerpos celestes. La piedra que correspondía al signo zodiacal de una persona actuaba como un pararrayos para esta energía cósmica. Además, el uso de talismanes era popular entre los antiguos romanos, quienes creían que el poder curativo de una piedra podía ser aumentado cuando se le grababa un signo astrológico. Esto también aumentaba la capacidad de una gema para filtrar energía negativa y proteger a quien la portaba.

Los astrólogos védicos de la India asignaron gemas a los siete planetas en su metodología (los planetas exteriores de nuestro sistema solar no eran conocidos en ese tiempo). Las piedras planetarias tienen longitudes de onda de color similares a sus planetas prescritos. A través de las épocas, las personas se han fascinado por los cielos y la influencia que otros planetas (estrellas) tienen sobre nosotros. Asociar gemas con cuerpos celestes le permite a un individuo permanecer conectado con la tierra mientras se eleva su vida espiritual.

Tabla 8.3—Piedras del mes de nacimiento de las tradiciones antigua y moderna

Mes	Moderna	Árabe	Hebrea	Hindú	Romana
Enero	Granate, rodolita, cuarzo rosado, rubelita.	Granate	Granate	Rubí	Granate
Febrero	Amatista, ónyx, piedra de la Luna.	Amatista	Amatista	Topacio	Amatista
Marzo	Aguamarina, topacio azul, restañasangre.	Restañasangre	Restañasangre, jaspe.	Ópalo	Restañasangre
Abril	Diamante, zircón, berilo, zafiro blanco.	Zafiro	Zafiro	Diamante	Zafiro
Mayo	Esmeralda, turmalina, granate.	Ágata	Ágata, cornalina.	Esmeralda	Ágata
Junio	Perla, piedra de la Luna, alejandrita, ópalo, ojo de gato crisoberilo.	Ágata	Esmeralda	Perla	Esmeralda

Tabla 8.3 continuación

Mes	Moderna	Árabe	Hebrea	Hindú	Romana
Julio	Rubí, espinela rubelita.	Cornalina	Ónyx	Zafiro	Ónyx
Agosto	Peridoto, sardónice, turmalina, esmeralda, jade.	Sardónice	Cornalina	Rubí	Cornalina
Septiembre	Zafiro, espinela azul iolita, lapis, turmalina azul.	Peridoto	Peridoto	Zircón	Peridoto
Octubre	Ópalo, granate, turmalina, zafiro, kunzita, morganita.	Aguamarina	Aguamarina, turmalina.	Coral	Aguamarina
Noviembre	Topacio, citrino, berilo, crisoberilo zafiro amarillo.	Topacio	Topacio	Ojo de gato, crisoberilo.	Topacio
Diciembre	Turquesa, topacio azul, zircón, aguamarina.	Rubí	Rubí	Topacio	Rubí

Tabla 8.4—Piedras del mes de nacimiento por nación

Mes	Italia	Polonia	Rusia	España	General
Enero	Jacinto, granate.	Granate	Granate, jacinto.	Jacinto	Granate
Febrero	Amatista	Amatista	Amatista	Amatista	Amatista, jacinto, perla.
Marzo	Jaspe	Restañasangre	Jaspe	Jaspe	Jaspe, Restañasangre.
Abril	Zafiro	Diamante	Zafiro	Zafiro	Diamante, zafiro.
Mayo	Ágata	Esmeralda	Esmeralda	Ágata	Esmeralda, ágata.
Junio	Esmeralda	Ágata	Ágata	Esmeralda	Ágata, ojo de gato crisoberilo, turquesa.

Tabla 8.4 continuación

Mes	Italia	Polonia	Rusia	España	General
Julio	Ónyx	Rubí	Rubí	Ónyx	Turquesa, ónyx.
Agosto	Cornalina	Sardónice	Alejandrita	Cornalina	Sardónice, cornalina, piedra de la Luna, topacio.
Septiembre	Olivino	Peridoto	Olivino	Olivino	Crisólito
Octubre	Berilo	Aguamarina	Berilo	Aguamarina	Ópalo
Noviembre	Topacio	Topacio	Topacio	Berilo, topacio.	Topacio, perla.
Diciembre	Turquesa, rubí.	Turquesa	Turquesa, crisoprasa.	Rubí	Rubí, Restañasangre.

Tabla 8.5—Asociaciones de gemas con planetas y estrellas

Signo zodiacal	Piedra	De buena suerte	Estado Planetario	Piedra
Capricornio Dic. 22–Ene. 20	Rubí, ágata, berilo, granate, turquesa, cuarzo ahumado.	Rubí, ónyx.	Saturno	Lapislázuli, zafiro.
Acuario Ene. 21–Feb. 21	Granate, amatista, ópalo, ágata musgosa.	Jaspe	Saturno	Turquesa, zafiro.
Piscis Feb. 22–Mar. 21	Amatista, zafiro, restañasangre, jade, aguamarina, diamante.	Rubí	Júpiter	Aguamarina, zafiro amarillo.
Aries Mar. 22–Abr. 20	Rubí, diamante, restañasangre.	Topacio	Marte	Jaspe, coral rojo.
Tauro Abr. 21–Mayo 21	Zafiro, turquesa, coral, ámbar, esmeralda.	Granate	Venus	Esmeralda, venturina.

Tabla 8.5—continuación

Signo zodiacal	Piedra	De buena suerte	Estado Planetario	Piedra
Géminis Mayo 22–Jun. 21	Ágata, perla, crisoprasa, aguamarina.	Esmeralda	Mercurio	Esmeralda
Cáncer Jun. 22–Jul. 22	Esmeralda, ágata piedra de la Luna, perla, rubí.	Zafiro	Luna	Perla, calcedonia.
Leo Jul. 23–Ago. 22	Ónyx, turmalina.	Diamante	Sol	Ámbar, rubí.
Virgo Ago. 23–Sep. 22	Cornalina, jaspe jade, zafiro.	Turquesa, zircón.	Mercurio	Esmeralda
Libra Sep. 23–Oct. 22	Peridoto, ópalo, lapislázuli.	Ágata, berilo.	Venus	Crisólito, diamante.
Escorpión Oct. 23–Nov. 21	Topacio, berilo, coral.	Amatista	Marte	Aguamarina
Sagitario Nov. 22–Dic. 21	Topacio, amatista, turquesa.	Berilo, perla.	Júpiter	Zafiro amarillo

Tabla 8.6—Asociaciones de gemas con los días de la semana

Día	Gema
Lunes	Piedra de la Luna, perla.
Martes	Esmeralda, rubí, zafiro.
Miércoles	Amatista, piedra imán, rubí.
Jueves	Cornalina, ojo de gato, crisoberilo, zafiro.
Viernes	Alejandrita, ojo de gato, crisoberilo, esmeralda.
Sábado	Diamante, labradorita, turquesa.
Domingo	Piedra del Sol, topacio.

Tabla 8.7—Asociaciones de gemas con las horas del día

HORAS A.M.	Gema	HORAS P.M.	Gema
1	Cuarzo	1	Zircón
2	Hematita	2	Esmeralda
3	Malaquita	3	Berilo
4	Lapislázuli	4	Topacio
5	Turquesa	5	Rubí
6	Turmalina	6	Ópalo
7	Crisólito	7	Sardónice
8	Amatista	8	Calcedonia
9	Kunzita	9	Jade
10	Zafiro	10	Jaspe
11	Granate	11	Piedra imán
12	Diamante	12	Ónix

Debido a que las tradiciones varían, hay múltiples piedras asociadas con cada signo zodiacal. En adición a una que recibe los poderes astrológicos, también hay piedras consideradas de buena suerte para las personas nacidas bajo cada signo (Tabla 8.5).

Los antiguos astrólogos también asignaban gemas como talismanes para ciertos días de la semana y horas del día. Vea las tablas 8.6 y 8.7.

En la tradición hebraica y la cristiana, fueron asignados ángeles guardianes al zodiaco además de gemas y meses específicos. (Uno se pregunta si las personas eran doblemente protegidas por múltiples ángeles cuando meses y signos zodiacales se traslapaban). Vea la tabla 8.8.

Astrología china

El estudio extensivo del cuadrante de Lo Shu (cuadrado mágico) encontrada sobre el caparazón de la tortuga (discutido en el capítulo 4), dio origen no sólo a la escuela del feng shui y el *I Ching*, sino también a la astrología china. El lou pan (brújula) completo de la escuela de la brújula del feng shui, incluye aspectos astrológicos que se salen del alcance de este libro. Sin embargo, es importante observar que la astrología está integrada con el feng shui, y el uso de las piedras del mes de nacimiento tiene un lugar en el trabajo de feng shui personal. En la astrología china, signos astrológicos particulares (que también suman doce) son asociados con las direcciones cardinales. A diferencia del zodiaco occidental, que abarca los doce signos en un año, toma doce años para cumplir el ciclo de todos los signos chinos. La tabla 8.9 incluye los ángeles y los signos chinos y occidentales asociados a las direcciones cardinales.

Si todas estas variaciones parecen confusas, explore las gemas que podrían tener una influencia en su vida. Si se siente atraído por una piedra en particular (por zodiaco o mes), úsela para conectarse y enfocarse en el trabajo de feng shui. Si una piedra de hora o día de la semana (determinada por la hora y día de su nacimiento) funciona mejor para usted, efectivamente úsela. Puede encontrar que

Tabla 8.8—Asociaciones con ángeles guardianes

Ángel	Gema	Zodiaco	Mes
Adnaquiel	Berilo	Sagitario	Diciembre
Ambriel	Granate	Géminis	Mayo
Asmodel	Topacio	Tauro	Abril
Barbiel	Amatista	Escorpión	Noviembre
Barquiel	Jaspe	Piscis	Febrero
Gabriel	Ónix	Acuario	Enero
Hamaliel	Zircón	Virgo	Septiembre
Maquidiel	Rubí	Aries	Marzo
Muriel	Esmeralda	Cáncer	Junio
Uriel	Ágata	Libra	Octubre
Verquiel	Zafiro	Leo	Julio

Tabla 8.9—Asociaciones astrológicas y angelicales de las direcciones cardinales

Dirección	Occidentales	Chinos	Ángel
Este	Aries	Dragón	Miguel
Sur	Capricornio	Fénix	Uriel
Oeste	Libra	Tigre	Rafael
Norte	Cáncer	Tortuga	Gabriel

una combinación de piedras estimule su energía personal. Si es así, utilícelas juntas. Las piedras del mes de nacimiento, en todas sus formas, son símbolos del espíritu de los ciclos.

Meditación con piedras del mes de nacimiento

Aunque no es necesario para el trabajo de feng shui con gemas, una meditación elemental/estacional con su piedra(s) del mes de nacimiento, puede ser una experiencia edificante. Esta meditación le ayudará a sintonizarse con los efectos que tienen sobre usted los cinco elementos del feng shui, las direcciones y las estaciones. Su piedra(s) del mes de nacimiento tendrá una confortable vibración, y con ella(s) interactuará la frecuencia de las piedras elementales y estacionales. La meditación es similar a la meditación elemental estacional descrita en el capítulo 2, pero la diferencia es el uso de los cinco elementos del feng shui (en lugar de los cuatro elementos occidentales) y, por supuesto, las piedras que representan las estaciones y direcciones.

Con una brújula magnética, determine cuál dirección es el Norte para colocar las piedras en las localizaciones apropiadas. Coloque las piedras estacionales y direccionales —espinela negra, lapislázuli, jade, amatista, granate, cuarzo rosado, cuarzo blanco y piedra de la Luna— para crear el círculo sobre el suelo. Hágalo suficientemente grande para que se siente o pare en el centro. Ponga las piedras elementales —peridoto, ópalo, malaquita, azabache y andalucita— junto a las otras hacia el centro del círculo. Ubique un citrino y una tercera andalucita en el centro, bajo su silla (o tenga cuidado de no pisarlos si prefiere estar parado). Vea la figura 8.1.

Tomando su piedra(s) del mes de nacimiento, empiece mirando las piedras más cercanas a ese mes. Tome un par de respiraciones profundas, relájese y sienta la energía que producen los tres juegos de piedras —dirección, elemento y estación—. Tome el tiempo que considere apropiado en cada dirección. Cuando complete el círculo, reflexione sobre el centro y la tierra. Cuando se sienta conectado a ella, abra los ojos y por un momento examine lo que puede haber percibido.

Familiarizarse con los elementos y direcciones de esta manera le ayudará a identificar más fácilmente las cosas en su práctica de feng shui. También puede encontrar que esta meditación es tranquilizante y útil para entrar en contacto con su propia energía, incluso cuando no se esté preparando para trabajar con el feng shui.

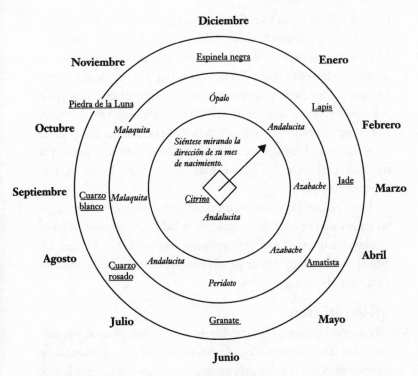

Figura 8.1
Meditación elemental/estacional con piedras del mes de nacimiento.

En conclusión

Experimente los diferentes métodos para emplear gemas en su práctica de feng shui. Puede ensayar cada uno individualmente y luego combinarlos para ver qué funciona mejor para usted. Cualquiera de estos métodos puede ser la base para un bagua con gemas que podría ser usado para activar energía saludable dondequiera que se necesite.

Método elemental

Este método emplea el poder de los elementos usando gemas que invocan elementos particulares debido a la manera que fueron creados o de acuerdo a sus formas. Por ejemplo, el peridoto representa fuego porque es encontrado en rocas volcánicas y meteoros. El peridoto puede ser colocado cada vez que necesite aumentar el poder del elemento fuego. En la tabla 6.1 está el listado completo. La forma alternativa para invocar un elemento es usar una gema con una forma que represente el flujo energético de ese elemento. Por ejemplo, una piedra redonda simboliza el elemento metal. En la tabla 6.2 está el listado completo de formas. Usar una malaquita redonda combina ambas opciones en este método y lo proveerá de una poderosa gema.

Una vez que haya seleccionado sus gemas elementales, póngalas en sus correspondientes áreas de la habitación, casa o sección de propiedad donde esté desarrollando feng shui. En la figura 6.1 está el cuadro completo de gemas con sus elementos, direcciones y aspectos de vida asociados.

Método del color

Este método aumenta el poder de una dirección empleando una piedra con el color asociado a esa dirección. Por ejemplo, el Noroeste es representado por el color gris, así que sería conveniente usar la piedra de la Luna o cualquier otra gema gris. En la figura 7.1 está el cuadro completo de las gemas con sus direcciones y aspectos de vida asociados. Las partes del cuerpo también son relacionadas con sectores del cuadrado mágico y pueden beneficiarse del uso del feng shui. En la figura 7.2 está el cuadro completo de gemas asociadas con partes del cuerpo. El trabajo con estas áreas relacionadas de su casa puede ser hecho en conjunto con la terapia de cristales sobre su cuerpo. En la tabla 7.2 está la lista de enfermedades comunes y sus remedios con gemas.

Las piedras también pueden ser usadas para neutralizar potenciales problemas relacionados con sus direcciones negativas. Por ejemplo si su número lo shu es 4, la dificultad le ocurre en el sector Oeste, que es el área asociada con la creatividad. En las figuras 4.8 y 4.9 encontrará sus direcciones negativas y positivas. Podría poner citrino en el sector Oeste de la habitación (o donde esté desarrollando el feng shui), ya que esta gema estimula la creatividad y puede ayudar a neutralizar energía negativa que podría inhibir sus procesos creativos. También tiene la opción de usar la amazonita, pues esta piedra ayuda a dispersar la energía negativa. En la tabla 7.3 está la lista de gemas y sus poderes asociados.

Método de la piedra del mes de nacimiento

Las piedras del mes de nacimiento pueden adicionar una dimensión personal al crear o atraer energía saludable, si su mes de nacimiento corresponde a la misma dirección de un elemento. Por ejemplo, si usted nació en diciembre, este mes corresponde al Norte. La espinela negra y el ópalo pueden ser usados en esta área para intensificar su conexión con el Norte y el elemento agua. Si ésta es su dirección o uno de sus puntos de poder, sería una dirección excepcionalmente potente para usted. En contraste, si el mes en que nació corresponde a una de sus direcciones negativas, su piedra del mes de nacimiento puede ser influyente al combatir los potenciales problemas y desafíos asociados con estas direcciones. En la figura 8.1 encontrará cómo se relacionan las gemas con los meses del año.

---

1. Kunz, *The Curious Lore of Precious Stones*, 319.
2. Baur and Boušk, *A Guide in Color*, 228.

Un compendio
de gemas

Esta parte del libro muestra las gemas y los minerales más comunes, incluyendo su historia, asociaciones y uso en el feng shui. Hay una evidente similitud en muchos de los orígenes de los nombres, especialmente entre el latín, griego y sánscrito (la lengua de la ley y religión hindú). Esto se debe a que los tres idiomas se desarrollaron a partir de la lengua madre común proto–indo–europea.

Aunque he incluido mucha información, de ningún modo es una compilación de material completo; eso requeriría un libro aparte. Si siente que una piedra le provee o estimula energía de una forma no descrita aquí, confíe en su intuición y examine otras fuentes de información adicional.

Ágata

La ágata es una variedad de calcedonia que tomó su nombre del río Aghates, cerca a Sicilia, que ahora es llamado Drillo. Se dice que como apoyo a la curación emocional, la ágata ayuda a discernir la verdad además de aceptar las circunstancias. Debido a que se creía que brindaba protección contra fiebres altas, era colocada en agua potable para desterrar enfermedades. La ágata también era considerada instrumental para aliviar la artritis, dolores de cabeza y la sed.

Además de ser usada como amuleto, se empleaba para joyas decorativas y objetos pequeños. Durante la época clásica en Grecia y Roma, la ágata fue comúnmente usada para camafeos y entallos. Estos eran frecuentemente usados al revés para el disfrute de quien los portaba.[1] Tazas esculpidas de ágata fueron comunes en todo el Imperio Bizantino, y Mitrídates acumuló una colección de varios miles.[2] Durante el Renacimiento en Europa, coleccionar tazas de ágata alcanzó de nuevo gran popularidad, al igual que su uso en joyas y taraceado de muebles.

La ágata no sólo es encontrada en una amplia variedad de colores, también tiene una plétora de efectos fascinantes. La ágata ojo realmente parece un ojo, y la ágata plumosa muestra un patrón plumoso. Debido a las capas que se forman cuando la ágata es creada, algunos colores y texturas están estructurados en bandas de color, mientras otros parecen crear "escenas" —llamado test de Rorschach de la naturaleza—. También hay ágatas de encaje de delicados patrones.

La ágata es buena para el equilibrio y conectarnos con la tierra. Fomenta abundancia, riqueza, amor y conexión con el mundo natural. También es usada para protección. La ágata musgosa atrae abundancia y ayuda a construir fortaleza y confianza en sí mismo. La de encaje ayuda a despejar la mente.

Color(es)   Un amplio rango y usualmente multicolor; de banda negra, encaje azul, musgosa, blanca, de encaje irregular y verde.

Asociaciones   General— Géminis; chakra del plexo solar; Tierra, Mercurio; yin/yang
Ágata musgosa— Virgo; chakra del corazón; yin
Ágata de encaje— Piscis; chakras de la garganta y el tercer ojo; yin.

Usos   Centro (equilibrio/conexión con el mundo natural); Noreste (riqueza); Suroeste (amor); dirección negativa: desgracia (protección/combatir enfermedades).

Aguamarina

Esta variedad de berilo debe su nombre al latín *aqua marina*, que significa "agua marina". El color verde azulado recuerda las tranquilizantes aguas del Mar Mediterráneo. La mitología dice que esta gema fue ofrecida como regalo por el rey Neptuno a las sirenas. Los marineros la han usado como amuleto protector, pues se creía que poseía su mayor potencia en el agua. También simbolizaba la Luna, una asociación que es fácil de entender porque este astro afecta las mareas de la tierra. Su más antiguo uso documentado fue en la antigua Grecia.

La aguamarina natural es más verde que azul, dependiendo de la cantidad de hierro en ella. Usualmente es calentada para suavizar el verde. La espinela verde azulada sintética es usada para imitar la aguamarina.

Se dice que esta gema trae amor a quienes la portan. Su influencia sobre las parejas promueve fidelidad y calma diferencias. El poder de moderación de la aguamarina apoya y mejora la buena comunicación. También se conoce como la "piedra del valor". Ya que transmite valor a quien la usa, también ofrece protección. Promueve limpieza y tranquilidad, especialmente al enfrentar una pérdida o pena. (*Vea también* Berilo).

Color(es)	Azul claro, azul verdoso, azul.
Asociaciones	Géminis, Piscis, Aries; chakras de la garganta y el corazón; Neptuno, Luna; yin.
Usos	Suroeste (relaciones/amor); direcciones negativas (valor/protección).

Alejandrita

Descubierta en Rusia en 1830 y llamada así por el zar Alejandro II, esta gema de la familia del crisoberilo cambia de color según la luz —natural o incandescente— en la cual sea observada. Debido al cambio de color verde/rojo, la alejandrita estuvo de moda entre la aristocracia de Rusia, donde los colores imperiales eran rojo y verde. En el resto de Europa, fue especialmente popular a finales del siglo XIX y comienzos del siglo XX.

Aunque la alejandrita ha sido algo rara y costosa, otra fuente fue descubierta en Brasil a finales de los ochentas en el siglo XX, lo cual le dio a esta gema una gran popularidad. El zafiro cambiante de color producido en laboratorio y a veces llamado *alejandrina*, es usado como una imitación.

Como piedra curativa, el uso de la alejandrita con otras gemas aumenta el poder de éstas. Por sí sola, fortalece el poder personal y la espiritualidad. También es efectiva para cultivar el intelecto y la creatividad. Es una piedra para alcanzar el éxito y ha sido usada como amuleto de buena suerte. (*Vea también* Crisoberilo).

Color(es)   Una piedra que cambia de color —verdes/azules a rojos/violetas—.

Asociaciones   Escorpión; chakra de la corona.

Usos   Centro (espiritualidad); Sur (éxito y reputación); Sureste (valor personal/valor neto); cualquier dirección negativa (amuleto de buena suerte); cualquier área donde se requiera curación.

Amatista

Una variedad de cuarzo que ha gozado de una larga historia de popularidad rara vez menguada. Desde el antiguo Egipto ha sido una apreciada piedra de realeza. Era preferida por Catalina la Grande de Rusia y tiene un lugar de honor en las joyas de la Corona de Inglaterra. La amatista fue especialmente popular en el Renacimiento. La de color claro era ocasionalmente llamada "rosa de Francia" y se utilizó frecuentemente en joyería durante la época victoriana.

La amatista era una piedra dotada usada por los obispos en la Edad Media. Desde el siglo XVI, cada nuevo papa recibía un anillo de amatista durante su investidura. Este anillo era destruido cuando el Sumo Pontífice moría y se hacía uno nuevo para su sucesor.

El nombre de la gema viene de la palabra griega *amethustos*, además de la latina *amethystus*, que traduce "no embriagado" o "sin vino". A lo largo de las épocas ha sido aclamada como un preventivo para la embriaguez. Se creía que copas talladas de amatista permitían a los bebedores tomar todo lo que querían sin sufrir las consecuencias. Se sospecha que el bebedor aparentemente ingería grandes cantidades de vino, pero realmente consumía agua que parecía tener el color del vino a través de la amatista. Esta podría ser la fuente de la creencia de que esta gema ayuda a superar el alcoholismo.

Varias versiones de un mito griego mencionan una mujer joven llamada Amatista, quien en su camino a pagar tributo a la diosa Diana, es atacada por tigres enviados por un enojado Dionisios (o Baco). Diana convirtió a Amatista en una estatua de cuarzo blanco para protegerla de las garras de los tigres. Una versión de la historia dice que las arrepentidas lágrimas de Dionisios (que eran vino, por supuesto) cayeron sobre la estatua y la convirtieron en cuarzo púrpura. La otra versión sólo menciona que un menos caritativo Baco vertió vino sobre la estatua. Esta historia podría ser la raíz de la creencia en los poderes de protección de la amatista.

Hoy día, esta gema es comúnmente usada en trabajo con cristales para transformar la energía corporal en el reino espiritual. Como piedra de cambio, la amatista es una curadora general, herramienta espiritual y una gema de sabiduría. Es buena para tranquilizar la mente y atrae buena suerte además de amor.

Color(es)   Lila claro a morado subido.

Asociaciones   Piscis; chakra del tercer ojo; Júpiter, Plutón, Neptuno; yin/yang.

Usos   Gema principal para la dirección Sureste; centro (equilibrio/crecimiento espiritual); Noreste (sabiduría); direcciones negativas (protección/buena suerte); en cualquier parte para ayudar a manifestar cambio.

Amazonita *(Microclina)*

Aunque esta variedad de feldespato tomó su popular nombre de la cuenca amazónica, donde primero se pensó que era jade, la amazonita ha sido comúnmente usada durante miles de años. El antiguo nombre de esta gema, *microclina*, viene de las palabras griegas *micro* para "pequeña", y *klino*, que significa "inclinación". Se sospecha que este segundo término fue asociado a ella debido a la forma de sus cristales.

La amazonita ya era usada para joyas en Egipto, Mesopotamia, India y Sudán desde el año 2000 a. de C. Estaba incluida entre las gemas encontradas en la tumba del rey Tutankamón. Aunque los egipcios empleaban esta gema comúnmente para amuletos, se han encontrado placas de amazonita con parte del *Libro Egipcio de los Muertos* grabada sobre ellas. En la América Central y del Sur precolombina, la amazonita era usada como adorno personal. Los antiguos asirios creían que era la gema de su dios, Belus, y la utilizaban en rituales sagrados.

La amazonita es útil para dispersar energía negativa. También brinda tranquilidad emocional y puede ayudar en la comunicación con un amante. Inspira franqueza, confianza y honor. (*Vea también* Feldespato).

Color(es)	Verde, verde azulado.
Asociaciones	Virgo; chakras del corazón y la garganta; yin.
Usos	Noreste (autocultivo); Suroeste (pareja/ relaciones); cualquier dirección negativa (dispersa la negatividad).

Ámbar

En la actualidad es llamada a veces la "gema jurásica", pues la película *Jurassic Park* la hizo nuevamente popular. La edad de esta gema orgánica puede oscilar entre 1 y 360 millones de años. El ámbar fue creado por calor y presión aplicados a resinas de árboles (usualmente pino). La presencia de insectos y hojas en la gema aumenta su valor en el mercado.

La larga historia del ámbar incluye una antigua asociación con los humanos. Los arqueólogos han encontrado artefactos hechos de ámbar que datan del año 8000 a. de C. También fue usado por los antiguos asirios, egipcios, fenicios y griegos. Llamado el "dios del Norte" por algunos; los griegos lo llamaron *electron*. Frotar un ámbar con un trapo, activa una carga eléctrica que lo hace atraer pequeños pedazos de papel, plumas y polvo.

Debido a su color más común, el ámbar ha sido asociado con el Sol. En *Las metamorfosis* de Ovidio, el antiguo cuento de Faetón (el hijo de Febo, el Sol) habla de su muerte y cómo las lágrimas de su madre se secaron en piezas de ámbar.[3] Esta gema también es mencionada en la *Odisea* de Homero y los escritos de Plinio. Sólo los romanos de clase alta podían comprarlo; sin embargo, gladiadores con suficiente suerte para obtenerlo, lo usaban como amuleto por sus poderes protectores.

Debido a que despide un agradable olor cuando es quemado, el ámbar fue utilizado en templos de toda Asia. En la Europa medieval, se empleaba para abalorios de rosarios. Durante este período también fue usado para desviar enfermedades. En el siglo XVIII, el ámbar se utilizó para adornar habitaciones; era taraceado en paneles de paredes y en marcos de puertas y ventanas.

El ámbar es útil para el equilibrio yin/yang porque atrae el poder del Sol mientras mantiene conectada a tierra a la persona que lo porta. También es una "gema" curativa y protectora que atrae suerte, calma energía y ayuda a construir vitalidad. Sirve para manifestar un cambio general, e inspira amor y sabiduría.

Color(es)	Incoloro/blanco, amarillo claro, café oscuro, rojizo, verde, negro, azul.
Asociaciones	Leo y Sagitario; chakra del sacro; Mercurio, Sol; yin/yang.
Usos	Gema secundaria para el elemento madera; centro (equilibrio/calma); Noreste (sabiduría); Oeste (ancestros); Suroeste (amor); direcciones negativas: desgracia y pérdida si éstas caen en la cocina o el comedor (construye vitalidad); cualquier dirección para ayudar a estimular cambios que desee atraer a su vida.

Ametrino

Encontrado sólo en Bolivia, el ametrino fue presentado al escenario mundial en el siglo XVII por un conquistador español que llevó regalos del Nuevo Mundo a su monarca. Este cuarzo de color dual combina la profunda belleza de la amatista con la claridad del citrino. Aunque los colores de la amatista y el citrino son opuestos entre sí en la rueda de colores, este par de complementarios provee un equilibrio yin/yang.

El ametrino equilibra el reino físico y el espiritual; calma las emociones negativas y es usado para limpiar el aura.

Color(es)	Color dual lila/morado y amarillo.
Asociaciones	Libra; todos los chakras; yin/yang.
Usos	Centro (equilibrio/crecimiento espiritual); cualquier dirección negativa (limpieza).

Andalucita

La andalucita es llamada la "piedra de la tierra" debido a sus tranquilizantes colores tono tierra y armonizantes vibraciones. Debe su nombre a Andalucía, la región de España donde fue descubierta. A diferencia de otras gemas multicolor que muestran bandas o puntos, la andalucita es una piedra pleocroica que presenta sus colores con una danza de patrones. Usualmente un cortador tratará de sacar el mejor color en una piedra mientras minimiza los otros; sin embargo, el fuerte pleocroísmo de la andalucita es estimulado para producir un emocionante juego de colores. En un tiempo fue conocida como la "alejandrita del hombre pobre", un término que era inapropiado. El cambio de color de la alejandrita depende de la luz en la cual es observada, mientras el de la andalucita depende del ángulo de visión.

Una variedad de andalucita llamada *quiastolita*, a menudo muestra un patrón de cruces oscuras cuando es cortada. Esta piedra fue encontrada cerca a Santiago de Compostela en España, un importante sitio de peregrinación cristiana. La quiastolita se hizo conocida como la "piedra de la cruz" y era vendida a los peregrinos.

La kianita se forma de la andalucita. Un aumento de presión o disminución de temperatura hace que la andalucita se recristalice en este mineral. La andalucita ha sido de uso industrial como ingrediente mineral en la fabricación de bujías y porcelanas especiales.

La reputación de "piedra de la tierra" de esta gema es sostenida en su uso para el equilibrio y la conexión con la madre tierra. Al igual que ésta, la andalucita toca las emociones y ayuda en el viaje espiritual. También fomenta el sabio liderazgo y el éxito.

Color(es)	Rojas parduzcas, verdes, amarillas.
Asociaciones	Virgo; chakra raíz; Tierra; yin.
Usos	Gema principal para el elemento tierra; centro (conexión con la tierra/equilibrio/crecimiento espiritual); Norte (éxito); en cualquier parte para ayudar a manifestar cambio.

Azabache

El azabache (jet en inglés) toma su nombre del francés antiguo *jaiet*, que a su vez viene del latín *gagates*, término derivado de la ciudad y el río Gagas en Asia Menor, donde los antiguos romanos lo extraían. Técnicamente, el azabache no es una gema debido a su origen orgánico. Plantas leñosas sumergidas en pantanos y ciénagas, eventualmente se convirtieron en una forma de carbón. Este carbón de bajo grado es llamado *lignito* y su nombre viene del latín *lignum*, que significa "madera".

Cuando el azabache es frotado vigorosamente con un trapo, genera una carga eléctrica y atrae pequeños pedazos de papel o polvo. Por esta razón ha sido llamado "ámbar negro", ya que el ámbar también tiene dicha característica.

El azabache se ha usado en ornamentación desde la edad de bronce. Ha sido extraído en el área de York, Inglaterra, desde aproximadamente el año 1500 a. de C. para utilizarlo en joyería. También era usado para adorno por los antiguos romanos, cuyo imperio se extendía hasta York. En la España de los siglos XIV y XV se empleaba para esculturas, joyería y talismanes. Del siglo XVIII al siglo XIX, en Europa fue utilizado para joyería y objetos religiosos tales como rosarios y cruces. Cuando la reina Victoria entró en duelo en 1861, el azabache se convirtió en una gema frecuentemente usada para sus joyas negras. En las Américas, aproximadamente del año 500 al 1500, los aztecas, mayas, alaskianos y tribus nativas americanas del Suroeste, utilizaron azabache para decoración.

El azabache es a veces confundido con la obsidiana y la turmalina negra. Los imitadores incluyen cristal, plástico y canel (antracita pensilvana). El cristal negro en joyería es conocido como "azabache de París".

En 1213, el botánico árabe Ibn al-Baitar escribió que el azabache podía "ahuyentar bestias venenosas".[4] Esta idea ha llegado a nosotros en la creencia de que esta gema puede proteger de las enfermedades a quien la porta, además de desterrar el miedo. El azabache es una influencia tranquilizante y eleva el espíritu de la persona. Se dice que ayuda al lado más oscuro de la vida. Engendra honor y justicia, y provee protección durante tiempos de transición.

Color(es)	Negro.
Asociaciones	Capricornio; chakra del sacro; Plutón, Saturno; yin.
Usos	Centro (calma/armonía); Norte (viaje personal); Noreste (autocultivo); Sur (iluminación); cualquier dirección negativa (para calma y valor/protección).

Azurita

El 55 por ciento de cobre en esta gema es responsable de su profundo color. La azurita se forma frecuentemente con la malaquita; ambas son creadas por oxidación de un cobre tal como la calcopirita.

Durante siglos ha sido usada como pigmento para tejidos y pintura. Debido a su color, ha sido llamada la "piedra del cielo". Los antiguos mayas veneraban la azurita por su capacidad para ayudar a conectarnos con la sabiduría. En las tradiciones nativas americanas se cree que ayuda a la persona a contactar sus guías espirituales.

La azurita ayuda a fortalecer la intuición y la comunicación. También es útil para liberarse de problemas profundamente arraigados. Promueve la paciencia, la limpieza y la dirección espiritual.

Color(es)	Azul, azul claro a azul subido.
Asociaciones	Sagitario; chakras de la garganta y el tercer ojo; Saturno, Venus; yin.
Usos	Centro (crecimiento/dirección espiritual); Noreste (sabiduría); direcciones negativas (comunicación/ eliminar problemas).

Benitoita

Como gema oficial de California, la única fuente importante de benitoita está en el condado de San Benito de ese estado. Esta gema fue inicialmente descubierta en 1907; sin embargo, hay controversia en cuanto a quién fue el primero en desenterrarla: el equipo de Hawkins y Sanders (quienes en principio pensaron haber encontrado zafiro) o James Marshall Couch. La benitoita fue el primer ejemplo hallado de un cristal ditrigonal-dipiramidal. Es confundida fácilmente con el zafiro. Esta gema promueve entendimiento a nivel emocional.

Color(es)   Azul, azul/violeta, negro (incoloras y rosadas son muy raras).

Asociaciones Libra; chakras del corazón y el tercer ojo; Venus; yang.

Usos   Se usan como gemas de apoyo en los sectores/direcciones del cuadrado mágico por sus respectivos colores.

Berilo

Berilo viene de la palabra griega *beryllos*, que era usada para identificar las gemas conocidas como berilo además de la mayor parte
de otros tipos de piedras verdes. El berilo es un grupo de minerales que incluye aguamarina, esmeralda, heliodor (variedad amarilla de berilo), morganita y otros. Los muchos colores del berilo
son el resultado de diferentes cantidades de metales dentro de estos
minerales.

Diversos berilos fueron usados como herramientas de corte
durante el período paleolítico superior; sin embargo, el primer uso
técnico, registrado por Plinio, fue la esmeralda cortada que el emperador Nerón usaba como monóculo. Debido al tamaño que una piedra requería para lograr un corte para tal uso, después los eruditos
creyeron que la gema era una aguamarina.[5]

La morganita recibió su nombre por el barón industrial del siglo
XIX, J. P. Morgan, quien era un ávido coleccionista de gemas.[6] Este
nombre fue adoptado por George Kunz para honrar al mejor cliente
de Tiffany & Company cuando la gema fue descubierta en California. Sin embargo, la morganita fue conocida y extraída en todo el
mundo, y su popularidad se extendió del siglo XVII al siglo XIX.

Otros tipos de berilo incluyen el heliodor y la bixbita. El heliodor
ha sido llamado "regalo del Sol", como su nombre lo implica de
acuerdo a las palabras griegas *helios* ("Sol") y *doron* ("regalo"). En la
Europa medieval, se creía que "curaba" la pereza. La bixbita debe su
nombre a Maynard Bixby, quien catalogó los minerales de Utah; sin
embargo, este no es un tipo de berilo reconocido científicamente.

El berilo fue una de las gemas en el pectoral de Aarón en la
Biblia. Estas piedras estimulan la comunicación, aceptación y curación. También promueven el crecimiento espiritual.

Color(es)	Dorado, amarillo, verde, rosado (incoloros y rojos son relativamente raros). Bixbita— color de fresa/frambuesa. Berilo dorado— limón a amarillo oro. Goshenita— incolora (encontrada en Goshen, Massachusetts). Heliodor— verde amarillento. Morganita— color durazno, rosada y lavanda.
Asociaciones	Chakras de acuerdo al color; Luna; yin Vea en aguamarina y esmeralda por sus asociaciones individuales.
Usos	Centro (crecimiento espiritual); Norte (viaje personal); Suroeste (relaciones); cualquier dirección donde se necesite energía curativa.

Bixbita, vea berilo

Calcedonia

La calcedonia abarca un grupo de gemas de cuarzo microcristalino que incluye la ágata, restañasangre, cornalina, crisoprasa, jaspe, ónix, sardio y otras. Debe su nombre a la antigua ciudad de Calcedonia, ubicada en lo que ahora es Turquía. El uso de esta gema se remonta a la edad de piedra, donde los antiguos aprovechaban su durabilidad para hacer armas y herramientas. Actualmente es popular para joyería, como lo fue en el período clásico de Grecia y Roma y la Europa del siglo XIX.

Para ver usos especializados y asociaciones, diríjase a las descripciones individuales de las gemas.

Calcita

Esta no es una gema encantadora, pero su uso ha sido importante en el pasado y el presente. La calcita toma su nombre del latín *calcis*, que significa "cal". Esto no es tan extraño como en principio puede parecer, ya que la piedra caliza es una de las rocas formadas de calcita.

La calcita, o carbonato de calcio, es uno de los minerales más comunes encontrados en y sobre la tierra, y uno de los más coleccionados. Fuentes termales y otras aguas ricas en calcio dejan depósitos de calcita. Muchas de las cavernas de la tierra están hechas por estalagmitas y estalactitas de calcita.

Como se mencionó antes, la piedra caliza está formada de calcita; puede contener un 50 por ciento o más del mineral. La creta, debido a su composición de piedra caliza, contiene una gran cantidad de calcita. La más fascinante versión de este mineral es el mármol, que es simplemente calcita recristalizada.

La calcita también ha sido llamada *espato calizo*. *Espato de Islandia* es a veces usado en lugar del término *calcita*; sin embargo, usualmente se refiere a sus grandes cristales incoloros. El espato de Islandia ha sido utilizado para prismas en microscopios y otros instrumentos ópticos. La calcita es empleada extensivamente como mineral industrial en la producción de metales, vidrio, pintura y caucho, y es el componente principal del cemento.

Ya que es usada en un amplio rango de materiales, no es sorprendente que sea una piedra de apoyo, especialmente para quienes trabajan en las ciencias y artes. La calcita también amplifica la energía.

Color(es)   Incolora y todos los colores, a veces multicolor.

Asociaciones   Cáncer; todos los chakras de acuerdo al color; Luna, Venus; yin.

Usos   Oeste (creatividad/proyectos); Noreste (conocimiento); Norte (carrera); Noroeste (benefactores); Sureste (recursos personales); direcciones negativas (aumenta energía positiva).

Cimofana, vea crisoberilo

Citrino

El nombre de esta gema viene del latín *citrus* y el francés *citron* ("limón"); sin embargo, es todo menos limón. El citrino es un cuarzo que es amarillo debido a la presencia de hierro férrico. Los antiguos lo usaban para protección, especialmente contra mordeduras de serpientes e intenciones malignas de otras personas. El uso más antiguo del citrino se remonta a la Roma del siglo I, donde se empleaba para entallos (figuras o diseños grabados). Ha sido llamado la "piedra dorada de la riqueza" y la "piedra del comerciante", debido a su poder para atraer riqueza. Otros nombres incluyen *citrino de Madeira* y *sangre de buey*.

Cuando el citrino se forma con cristales de amatista, es creado el ametrino. El citrino natural no es tan común como otros tipos de cuarzo. La mayoría de estas gemas son "creadas" calentando la amatista. Si es natural, su color es con mayor frecuencia amarillo claro. A veces es llamado cuarzo de topacio, topacio de citrino, topacio dorado y topacio de Madeira, lo cual es a menudo una estrategia de mercadeo para presentarlo como el más costoso topacio.

El citrino simboliza alegría y ayuda a entrar en contacto con el ser superior que todos tenemos. Como protector, aumenta el poder personal ayudando a que la persona se conecte con su yo interior y utilice fortalezas ocultas. También es un energizante que ayuda en la curación emocional a través de la conciencia. Es útil en familias y grupos ligados emocionalmente.

Color(es)	Amarillo claro, limón, pardo amarillento, naranja, naranja/pardo oscuro, pardo rojizo.
Asociaciones	Aries, Géminis, Leo, Libra; chakras del sacro y plexo solar; Tierra, Mercurio, Marte, Sol; yang.
Usos	Gema principal para la dirección del centro; centro (crecimiento/dirección espiritual); Suroeste (relaciones); Este (comunidad); Oeste (creatividad); Norte (viaje personal); Sureste (valor personal/prosperidad/riqueza); direcciones negativas (protección/fortaleza/curación).

Coral

El coral que es considerado una gema proviene de la especie *Corallium rubrum*. El mejor crece en aguas claras, cálidas y someras (10 a 45 pies de profundidad). La evidencia de su uso data del período paleolítico. En Sumer ya se utilizaba en el 3000 a. de C., y continuó siendo popular hasta la época griega y romana clásica. La leyenda griega dice que cuando Medusa murió, sus gotas de sangre se convirtieron en coral rojo. En Roma fue empleado como amuleto protector para los niños.

Incluso hoy día, el amuleto del "cuerno" italiano es hecho de coral. Plinio mencionó en sus escritos el comercio de esta gema con la India. Siglos después, Marco Polo escribió acerca del coral que adornaba los templos tibetanos. También fue usado por los tibetanos para abalorios de mala —una ayuda para la oración y meditación—. En la Inglaterra del siglo XII, el coral se utilizó como amuleto de protección y una ayuda durante el parto. Fue particularmente popular en joyería victoriana y Art Déco.

Esta gema promueve amor y armonía, además de ayudar a construir la comunidad. Es útil para eliminar energías negativas y provee protección.

Color(es)	Desde el blanco hasta el negro; los más valorados son el rosado y el rojo.
Asociaciones	Venus, Neptuno; yin.
Usos	Suroeste (relaciones); centro (armonía); Este (comunidad); cualquier dirección negativa (protección/elimina negatividad).

Cornalina

La cornalina es una variedad de calcedonia y se encuentra en todo el mundo. Uno de sus más antiguos usos se evidenció en las joyas encontradas en la tumba de la reina Pu-Abi de Sumeria, hacia el año 3000 a. de C. Es comúnmente encontrada en tumbas egipcias, y aparentemente fue tan popular para joyería como el lapislázuli y la turquesa. La mitología egipcia relaciona la cornalina con la diosa Isis, quien supuestamente la usaba para proteger las almas de los muertos mientras hacían la transición a la otra vida.

Los budistas del siglo IV en China creían en los poderes protectores de la cornalina y la usaban como amuleto. Los tibetanos del siglo VI también la utilizaron para amuletos, al igual que los musulmanes, quienes la llamaban "piedra de La Meca"; se creía que Mahoma la usó en un anillo hacia el año 624. Esta gema también es mencionada en la Biblia como una de las piedras en el pectoral de Aarón.

Los griegos y romanos la llamaron *sardio*. También ha sido conocida como *sadoine* y *ágata de sangre de paloma*. La palabra viene del latín *carneus*, que significa "carnoso". Quizás fue llamada así debido al color. Fue popular en Europa en el Renacimiento y el siglo XIX.

Aún persiste la creencia en el poder protector de la cornalina, además de su cualidad para calmar el miedo a la muerte. También protege de la ira y alivia penas. Es útil para mantener la calma durante tiempos de transición, y ayuda a manifestar los talentos de una persona. Esta gema es importante para alcanzar objetivos a través del enfoque. Promueve armonía, creatividad y valor personal.

Color(es)	Rojo.
Asociaciones	Virgo, Aries, Tauro, Cáncer, Leo; chakra del sacro; Tierra, Saturno; yang.
Usos	Centro (armonía); Sur (éxito); Oeste (creatividad); Sureste (valor personal); direcciones negativas (protección/tranquilidad).

Crisoberilo

Es la tercera gema más dura después del diamante y el corindón (rubí y zafiro). El nombre proviene del griego *chrysos* "dorado" o "amarillo", y *beryllos*, que indica la variedad de la piedra —berilo—. En 1789 se encontró que era un mineral separado del berilo.

Los imitadores incluyen la andalucita, berilo, peridoto, espinela, topacio y zircón. La variedad más conocida es el ojo de gato o cimofana, palabra que viene del griego *kyma*, que significa "ola", y *phainein*, "parecer", lo cual describe la forma en que el "ojo de gato" parece moverse. Las inclusiones paralelas en la piedra crean el efecto de ojo de gato; debe ser cortada en el ángulo correcto para que dicho efecto sea visto. Otro tipo de crisoberilo dinámicamente cambiante es la alejandrita. Los crisoberilos de estrellas son muy raros.

Los ojos de gato han sido usados durante siglos como amuletos para la buena suerte además de proteger de mala suerte. Fueron apreciados en la Roma del siglo I, y populares en Europa a finales del siglo XIX, cuando el anillo de compromiso de la princesa Luisa Margarita de Prusia los puso de moda. En Sri Lanka, se creía que el "ojo de gato" protegía de los espíritus malignos a quien lo portaba. Los hindúes pensaban que brindaba protección contra la pobreza.

Los ojos de gato son populares para la suerte, especialmente en asuntos financieros. Esta gema fomenta el optimismo y la renovación. (*Vea también* alejandrita).

Color(es)	Amarillo oro a café miel y verde amarillento de manzana primaveral.
Asociaciones	Venus; yang.
Usos	Suroeste (relaciones/renovación); Noreste (riqueza/suerte); úselo en cualquier área donde desee atraer la buena suerte; cualquier dirección negativa (protección/suerte).

Crisólito, vea peridoto

Crisoprasa

Esta gema deriva su nombre de las palabras griegas *chrysos*, que significa "dorado/amarillo", y *prason*, que significa "puerro". Actualmente llamamos verde manzana a este color verde amarillento.

Usada por los egipcios antes del año 3000 a. de C., la crisoprasa es una variedad de la calcedonia que también fue popular durante el período clásico de Grecia y Roma. En un manuscrito del siglo XI, Miguel Psp del Imperio Bizantino, escribió que esta piedra mejoraba la vista.[7] La crisoprasa se volvió popular en la Europa del siglo XIV. Se decía que era la preferida de Federico el Grande de Prusia, y se utilizó para adornar el palacio de Sans-Souci en Potsdam, Alemania. Esta gema también fue muy admirada por el emperador Carlos IV, quien la usó en la capilla de San Wenceslaus de la catedral del San Vito en Praga. Su popularidad continuó hasta el siglo XIX.

A la crisoprasa se le atribuye el poder de atraer amigos, éxito y abundancia. Estimula las emociones y ayuda en la adaptabilidad. Esta gema fomenta la comunicación.

Color(es)	Verde amarillento.
Asociaciones	Libra; chakras del corazón y plexo solar; Tierra, Venus; yin.
Usos	Sur (éxito); Suroeste (relaciones); Sureste (abundancia); Noroeste (benefactores); cualquier dirección negativa (adaptabilidad).

Cuarzo

Esta gema toma su nombre de la palabra alemana *querkluftertz*, que describía las venas blancas en las rocas. El cuarzo es uno de los minerales más comunes y puede ser encontrado casi en cualquier lugar de la tierra. Es el principal componente de la arena de playas y desiertos, y ha sido hallado en la Luna. Los humanos lo han utilizado durante miles de años —al comienzo para herramientas y armas, y posteriormente para joyería y objetos decorativos—. Se han encontrado objetos de cristal de roca junto con restos humanos en Francia, España y Suiza, que datan del año 7500 a. de C. Fue usado en el antiguo Egipto, y por los mayas y aztecas en las Américas. También se empleó extensivamente durante todo el siglo XIV para relicarios cristianos.

El cuarzo claro ha sido comúnmente llamado *cristal de roca*. En latín era *crystallus*. En tiempos más antiguos fue llamado *crystallos*, de la palabra griega que significa "congelado", pues se pensaba que era una forma permanente de hielo. No es sorprendente que los antiguos hayan creído esto, ya que el cuarzo siempre es frío al tacto. En nuestro mundo moderno es muy usado en relojes y muchos aparatos.

El cuarzo incoloro es común; sin embargo, son raras las muestras perfectamente claras y suficientemente grandes para producir bolas de cristal u otros objetos. Actualmente, se suele sustituir con vidrio. Las vasijas de cristal surgieron de la idea de la vasija Rinn o "cántico", usada para crear sonido en rituales o para meditación. Se dice que el sonido puro que produce equilibra las energías de todos los chakras. Al igual que el cáliz y el caldero, la vasija es un símbolo de energías femeninas de las cuales surge nueva vida.

El cuarzo ahumado es a veces llamado *topacio ahumado* en el mercado, con el fin de lograr un mayor precio. El cuarzo rutilado es cuarzo claro con diminutas "agujas" de rutilo dentro de él. Éstas han sido llamadas *cabello de Venus* y *dardos de Cupido*. El cuarzo turmalado es similar, pero con cristales de turmalina verde o negra en lugar de rutilo. El cuarzo girasol y el cuarzo de ojo de halcón fueron populares en la Grecia y Roma clásicas, en Europa durante el Renacimiento, y en el siglo XIX. Los efectos de ojo de halcón, ojo de gato y ojo de tigre son creados por distribuciones de minerales fibrosos dentro del cuarzo.

Otra variedad de cuarzo es una gema llamada *calcedonia*. En lugar de un sólo cristal, la calcedonia está formada de finos microcristales. El grupo de esta gema incluye la ágata, restañasangre, cornalina, crisoprasa, jaspe y ónix.

El cuarzo es un fuerte transformador que da poder a las personas además de amplificar y enfocar la energía. Es un protector que también abre el espíritu, provee equilibrio emocional y físico, alivia la ira y revela distorsiones.

Color(es)	Incoloro, blanco, blanco azulado, azul grisáceo, rosado, violeta, púrpura, verde, café, amarillo.
Asociaciones	Todos los signos del zodiaco; todos los chakras; planeta Urano.
Usos	El cuarzo blanco es la gema principal para la dirección oeste; el cuarzo es útil en cualquier parte que usted necesite aumentar sus fortalezas o donde quiera transformar un aspecto de la vida; centro (equilibrio/espiritualidad); Oeste (proyectos/creatividad).

Cuarzo rosado

Esta variedad de cuarzo fue apreciada en la Grecia y Roma clásicas, la Europa renacentista y el siglo XIX. Fue usado por los asirios (800–600 a. de C.) para objetos decorativos, pero muy poca joyería.

El cuarzo rosado es asociado con el corazón, el amor y la belleza. Sus tranquilizantes efectos ayudan a equilibrar la energía yin/yang, y su calor cura desórdenes emocionales y fortalece la amistad.

Color(es)   Rosado, rosado lechoso.

Asociaciones   Libra, Tauro; chakra del corazón; Venus.

Usos   Gema principal para la dirección suroeste;
                 Suroeste (relaciones); centro (equilibrio emocional); cualquier dirección donde se necesite una
                 curación emocional.

Dialogita, vea rodocrosita

Diamante

La palabra *diamante* viene del griego *adamas*, que significa "invencible" o "yo domino". Se cree que esto alude a su dureza. El diamante es mencionado en la Biblia como una de las doce gemas en el pectoral de Aarón. Como símbolo de poder y protección, fue usado por los antiguos líderes cuando salían a la batalla. Aristóteles y Plinio lo mencionaron en sus escritos, e hicieron referencia al "valle de los diamantes", en la India, donde habían sido extraídos desde el año 800 a. de C. Esta era la única fuente de la apreciada gema hasta 1725, cuando fue descubierta en Brasil. En 1866, una nueva y rica fuente fue encontrada en Sudáfrica, la cual originó una fiebre del diamante entre 1870 y 1880, similar a la fiebre del oro del Oeste norteamericano.

Los antiguos romanos usaban diamantes sin labrar en joyería. El rey Luis XI de Francia (1214–1270), no le permitía a las mujeres usarlos —ni siquiera a la reina—. Diamantes famosos incluyen el Hope, que ahora se encuentra en el Smithsonian Museum of Natural History. Su historia inició en 1669, cuando fue vendido al rey Luis XIV de Francia. El más grande diamante cortado es el Cullinan, que es parte de las joyas de la corona británica y se encuentra en la torre de Londres. El primer anillo de compromiso con diamante fue usado por María de Borgoña en sus esponsales con el emperador de Habsburgo, Maximiliano I, en 1477.[8]

La forma en que los diamantes se forman es tan fascinante como su belleza. Su historia es antigua (empezó aproximadamente hace dos mil millones de años) y su largo viaje (comenzó a 95–120 millas bajo la superficie de la tierra). Los diamantes empiezan su desarrollo como cristales de carbono formados por calor y presión intensos debajo de los volcanes. Estos cristales son transportados hasta la superficie en "conductos" rocosos de kimberlita o lamproita. Si estos cristales se enfrían muy lentamente mientras suben a la superficie, el resultado es el grafito. Los cristales de carbono tienen que ascender y enfriarse rápidamente para producir diamante.

Los diamantes "más puros" son incoloros. Los colores aparecen cuando otras sustancias tales como el nitrógeno (que produce un diamante amarillo) están presentes mientras la gema se forma. Un gran número de sustancias incoloras han sido usadas para imitar el diamante.

No sólo su belleza atrae a las personas, pues su dureza (es el mineral más duro) y capacidad para conducir calor son atributos empleados en muchas aplicaciones industriales. Los diamantes de color tales como el azul, champaña, verde, rosado, naranja o amarillo, son llamados diamantes de "fantasía".

Esta gema ha sido llamada la "piedra de la invulnerabilidad" y el "rey de los cristales". Además de ser un símbolo de poder y riqueza, es un emblema de amor, confianza y compromiso. Su poder de protección en la batalla también se extendió a la protección de enfermedades y pestilencia.

El poder de los diamantes puede ser empleado para fortalecerse emocionalmente y unir a las personas a través de la reconciliación. Además, atraen abundancia y riqueza, y son útiles durante períodos de transformación para ayudar a estimular la fuerza interior. Ayudan a construir relaciones y apoyan la longevidad.

Color(es)	Incoloro, blanco, negro, y todos los colores del espectro.
Asociaciones	Aries, Leo, Tauro; todos los chakras; Venus, Sol; yang.
Usos	Este (familia/comunidad); Sureste (riqueza/abundancia); Suroeste (amor/relaciones); Norte (viaje personal); dirección: longevidad; cualquier dirección negativa (amuleto de buena suerte).

Diamante de Herkimer

Esta gema es un tipo de cuarzo, pero fue confundida con un diamante cuando se encontró por primera vez en Herkimer, Nueva York, debido a su brillantez. El diamante de Herkimer es a veces llamado "cristal del sueño", ya que ayuda a que las personas entren en contacto con su ser interior. Es útil al colocarlo debajo de la almohada para ayudar a recordar sueños. Cuando es usado de esta manera, es mejor acompañarlo con un cristal de amatista para moderar el nivel de energía. Esta gema ayuda en la compatibilidad entre grupos de personas. Es útil para limpieza emocional porque libera bloqueos de energía. También eleva los niveles energéticos.

Color(es)	Claro.
Asociaciones	Sagitario; todos los chakras como preludio para usar otros cristales; Urano.
Usos	Para mover y aumentar la energía en cualquier área donde esté estancada; Noreste (sabiduría/autoconocimiento); Este (comunidad); Suroeste (aferrar relaciones); cualquier dirección negativa (limpieza).

Esfena

Esta gema toma su nombre del griego *sphen*, que significa "cuña", refiriéndose a sus cristales en forma de cuña. A veces llamada *titanita*, la esfena es un mineral de titanio y es usada industrialmente en la fabricación de aviones. Es confundida con el topacio, berilo amarillo y, debido a que puede ser pleocroica, con el crisoberilo.

La esfena promueve procesos intelectuales y espirituales.

Color(es)	Verde, negra, café, amarilla, blanca.
Asociaciones	Mercurio; yang.
Usos	Centro (espiritualidad); Norte (base); Noreste (conocimiento); cualquier dirección negativa donde usted necesite analizar asuntos.

Esmeralda

Se dice que el nombre de esta gema proviene de la palabra griega *smaragdos*, que entre sus diversos significados incluye "piedra verde".⁹ Aunque este término fue aplicado a todas las piedras verdes, en lo que concierne a la esmeralda, "nada es más verde que el verde" de acuerdo al antiguo erudito y escritor Plinio. Del griego al latín, el nombre pasó a *esmaraude* en el antiguo francés antiguo, y luego a *emaraude* en el inglés medio.

Como un tipo de berilo, el subido color de la esmeralda es causado por la presencia de cromo, que también produce el fuerte rojo de los rubíes. Las inclusiones (formaciones cristalinas dentro de la gema) le dan profundidad y una identificación única a cada piedra. En el mercado, menos inclusiones son más deseables; sin embargo, para terapia con cristales y el feng shui, estas características adicionan carácter e interés. Muchas esmeraldas son "aceitadas" con aceite de linaza o cedro para suavizar los efectos de las inclusiones y mejorar la claridad de la gema. El corte de la esmeralda —que ayuda a resaltar el color— fue creado para evitar desconchar las esquinas de la piedra.

Las esmeraldas fueron apreciadas por las primeras civilizaciones, y los babilonios ya las comerciaban en el año 4000 a. de C. La famosa mina de esmeraldas de Cleopatra estaba localizada cerca a Asuán, Egipto. Durante siglos se pensó que esta mina era sólo una leyenda, hasta que fue descubierta en 1818. Para entonces, muy pocas esmeraldas fueron encontradas, pero en la mina había herramientas que posteriormente fueron datadas en el año 1300 a. de C. Las esmeraldas eran populares en la antigua joyería egipcia, y muchas personas decidían ser enterradas con ellas.

También fueron apreciadas por los gobernantes de la India. Se dice que Shah Jahan, constructor del Taj Mahal, uno de los grandes símbolos de amor y devoción, usaba esmeraldas inscritas con textos sagrados como un talismán personal. Tal vez su relación con ellas inició el vínculo de esta gema con el amor. En Europa, fueron especialmente populares desde el siglo XVII al siglo XIX. En el Nuevo Mundo, los aztecas las esculpían en forma de flores y pequeños animales. Las esmeraldas también fueron usadas por incas y mayas.

La forma de *trapiche* de la esmeralda contiene un raro patrón de seis radios alrededor de un centro hexagonal. Trapiche es el término para la rueda española usada para pulverizar cosechas —usualmente caña de azúcar—. Muchos otros tipos de piedras, cristales y plásticos verdes se han utilizado para imitar la esmeralda.

Las esmeraldas son un símbolo de amor, y atraen buena suerte y armonía a todas las áreas de la vida. Esta gema también es útil contra la energía negativa. Mejora la memoria y algunos creen que puede ayudar a una persona a adivinar el futuro —tal vez porque da acceso a deseos retenidos profundamente en nuestro interior—. Es asociada con la primavera y renacimiento, y promueve el entendimiento. (*Vea también* Berilo).

Color(es)	Una gran variedad de verdes.
Asociaciones	Aries, Cáncer, Géminis, Tauro; chakra del corazón; Júpiter, Venus; yin.
Usos	Suroeste (relaciones); Sureste (riqueza); Norte (viaje/crecimiento personal); cualquier dirección negativa (desterrar energía negativa/sortear dificultades).

Espinela

Se dice que esta gema tomó su nombre del latín *spinella*, "pequeña espina", además de *spina*, "espina". De hecho, el término se relaciona con la forma octaédrica puntiaguda de la espinela. Esta piedra es un aluminato de magnesio que se encuentra frecuentemente con rubíes y zafiros (corindones de óxido de aluminio). La espinela también ha sido llamada balaje, nombre que era generalmente empleado para gemas que tenían un color entre el rojo y el violeta rojizo.

En la antigua escritura sánscrita, se referían a la espinela como la "hija del rubí". Mientras esto acontecía, muchos rubíes fueron identificados como espinelas. El rubí Timur, que ha sido rastreado hasta la India del siglo XIV, está ahora entre las joyas de la corona británica. El rubí Black Prince —llamado así por Eduardo (1330–1376), hijo del rey Eduardo III de Inglaterra—, se lo había dado el rey de Castilla en 1367.[10] La espinela tiene ahora un lugar en la corona imperial y se encuentra con las otras joyas de la realeza en la torre de Londres. El rubí en la corona de Catalina II de Rusia (1762) era una espinela. Esta gema fue popular en la Grecia y Roma clásicas, durante el Renacimiento y en los siglos XVIII y XIX.

Han sido encontradas espinelas que cambian de color. Pasan de azul en luz natural a púrpura en luz artificial. Una variedad verde es a veces llamada *cloroespinela*. La *ceilanita* es una variedad negra que también es llamada *pleonasto*.

La espinela es una gema que se debe tener durante dificultades, ya que es una curadora general que ayuda a reconciliar diferencias y aliviar penas. También es una piedra de protección y atrae riqueza. Aumenta la capacidad para superar obstáculos y contratiempos.

Color(es)	Roja, azul, púrpura, rosada, violeta, naranja; la incolora, verde y amarilla son raras.
Asociaciones	Plutón; yang.
Usos	Suroeste (relaciones); Sureste (riqueza); cualquier dirección negativa (protección, o donde necesite tratar penas o enmendar cosas con los demás); contratiempo (superar obstáculos).

Estaurolita

Esta gema toma su nombre del griego *stauros*, que significa "cruz". La "unión" de sus cristales frecuentemente ocurre en ángulos rectos, creando la forma de una cruz. También ha sido llamada "cruz de hadas" porque, según la leyenda, estos cristales fueron formados de las lágrimas derramadas por hadas al recibir la noticia de que Jesús había sido crucificado. Las cruces de estaurolita, al igual que las de andalucita, fueron usadas como amuletos por peregrinos cristianos.

Color(es)	Parda rojiza, parda amarillenta.
Asociaciones	Piscis; chakra de la corona; yin.
Usos	Centro (conectarse con la tierra); Noroeste (viajes); cualquier dirección negativa (protección); cualquier área donde usted quiera atraer buena suerte.

Feldespato

El feldespato es uno de los minerales más comunes en la tierra, y principalmente tiene un uso industrial. Una de sus más antiguas aplicaciones era en la arcilla con la que los chinos hacían porcelana. La presencia de este mineral le dio a la porcelana una fina calidad que los europeos no pudieron duplicar durante siglos. El feldespato es aún utilizado en la fabricación de cerámica, baldosas, vidrio y algunas instalaciones fijas de fontanería.

El feldespato debe su nombre a las palabras suecas *feldt*, "campo", y *spar*, un término anglosajón para "minerales fácilmente penetrados". Su iridiscente brillo es creado por la dispersión de la luz a través de sus delgadas capas.

El feldespato con calidad de gema incluye la labradorita, piedra del Sol, amazonita y piedra de la Luna. Estas gemas son presentadas separadamente.

Fluorita

El nombre de la fluorita viene de la palabra latina que significa "flujo". El término es apropiado para este mineral industrial, que es usado como flujo en el procesamiento de metales. La fluorita con bandas de color azul subido encontrada en Derbyshire, Inglaterra, es apodada "Blue John". Con ella han sido hechos objetos decorativos por más de 1500 años.

A veces llamada la "piedra del discernimiento", la fluorita es útil como una ayuda para encontrar la verdad que ha sido escondida. Ayuda a seguir un camino de orden en medio del caos, y estimula la unidad física, mental y espiritual a través de la curación. Alimenta y vitaliza la energía mientras la conecta con la tierra. Esta gema también es útil para activar los efectos de otras piedras. Provee fortaleza y protección en tiempos de transición.

Color(es)	Clara, negra, azul, verde, rosada, morada, roja, amarilla; algunas fluoritas tienen cualidades fluorescentes.
Asociaciones	Acuario, Capricornio, Piscis; chakras de la frente y el tercer ojo; Neptuno; yang.
Usos	Sur (iluminación); Norte (viaje personal); centro (armonía/equilibrio/curación espiritual); cualquier dirección que necesite una dosis de vitalidad; cualquier dirección negativa (buena suerte/protección).

Granate

La familia de silicatos complejos del granate debe su nombre a la palabra latina *granum*, que significa "grano" o "semejante a semilla". Este término quizás surgió de la antigua joyería que usaba racimos de diminutos granates rojos que parecían semillas de granada. (Granada es *malum granatum* en latín). El grupo del granate incluye la almandina, andradita, grosularita, piropo (ahora llamado popularmente *rodolita*), spessartine (piedra de color naranja brillante, nombrada según la región de Spessart, en el distrito de Bavaria, Alemania) y uvarovita.

El uso del granate data de al menos el año 3100 a. de C. en Egipto, donde era usado en joyería y para hacer abalorios. Las primeras menciones de esta gema provienen de la Biblia. "Carbunclo" era otro nombre para el granate (además de "rubí"), que fue una de las doce piedras en el pectoral de Aarón. Se dice que Noé guió el arca en la noche con un farol de granate. La variedad de almandina ha sido ampliamente usada desde la época clásica de Grecia.

Durante siglos, los granates fueron llevados por viajeros para protegerse de accidentes. Los antiguos persas lo consideraban una "piedra real" y grababan en él imágenes de sus reyes. En Arizona, los diminutos gránulos de esta gema son llamados "granates de hormiguero", debido a que las hormigas lo empujan a la superficie mientras construyen sus túneles. El granate vio su primer uso industrial en 1878 en los Estados Unidos como componente del papel de lija.

Como la alejandrita, algunos granates cambian de color según la luz en la cual son observados. Aunque son raros, hay granates de estrella de cuatro y seis rayas. Esta gema existe en todos los colores menos el azul. Algunos son erróneamente llamados *rubí de Arizona*, *rubí de Ceilán* y *esmeralda de los Urales*.

El granate simboliza fe, devoción y verdad. Fortalece el poder personal y ayuda a atraer victoria/éxito. También ayuda en la liberación de energía kundalini y despierta la creatividad. Tiende a tener una fuerte energía de apoyo, y fomenta la confianza y el éxito.

Color(es)	Almandina— roja, roja anaranjada con café, roja púrpura.
	Andradita— negra, verde amarilla.
	Demantoid (variedad de granate)— verde, verde amarillento.
	Grosularita— café, verde, amarillo naranja, blanca, amarilla.
	Hesonita— oscila de naranja a café.
	Malaya— naranja, naranja rojiza, naranja amarillenta.
	Melanita— negra.
	Piropo— rojo, rojo anaranjado, rojo púrpura; todos bastante oscuros.
	Rodolita— morada, morada rojiza.
	Spessartine— parda anaranjada, naranja rojiza, amarilla, parda amarillenta.
	Mandarín— naranja vibrante.
	Tsavorita— verde clara y oscura.
	Uvarovita— verdes.
Asociaciones	Acuario, Capricornio, Leo, Virgo; chakras de la corona y la frente; Marte, Plutón; yang.
Usos	Centro (espiritualidad); Norte (viaje personal/éxito); Suroeste (asociación); Noroeste (viajes); direcciones negativas (poder personal para atraer la "victoria").

Goshenita, vea berilo

Heliodor, vea berilo

Heliotropo, vea restañasangre

Hematita

La hematita debe su nombre al término griego *haima*, que significa "sangre" y también es la palabra raíz de *hemoglobina*. El más antiguo uso de este óxido de hierro se remonta a la vieja Europa. La hematita era triturada para producir ocre rojo, que se usaba como pigmento para teñir figuras tales como la famosa "Diosa de Laussel" (20000 a 25000 a. de C.). Esto simbolizaba abundancia, fertilidad, y los procesos dadores de vida de la sangre de la gran Diosa madre. El ocre rojo también fue empleado en figurillas de entierro y sobre el cadáver mismo. En las antiguas culturas adoradoras de la Diosa, el rojo era un color de renacimiento y transformación.

En el antiguo Egipto la hematita fue usada para amuletos. También se utilizaba para detener hemorragias. Los soldados romanos la cargaban para protección cuando salían a la batalla. Los nativos americanos usaban ocre rojo para pintura ceremonial y de guerra.

La hematita es un transformador que convierte sentimientos negativos en positivos, incluso en amor. Es una piedra de poder que ayuda a mantener el sentido del ser de la persona y desvía la negatividad de otras fuentes. Esta gema mejora la memoria y equilibra la energía del cuerpo.

Color(es)	Gris metálico/iridiscente, roja grisácea, negra grisácea, roja pardusca.
Asociaciones	Aries, Acuario, Capricornio; chakras de la corona y el tercer ojo; Marte, Saturno; yang.
Usos	Centro (equilibrio/conectarse con la tierra); Sureste (valor personal); Noreste (autocultivo); cualquier dirección negativa (mantener el sentido del ser).

Iolita

Esta gema toma su nombre de las palabras griegas *ios*, "violeta", y *lithos*, "piedra". Los vikingos la usaban como una ayuda en la navegación; mirar a través de un delgado corte de la piedra les permitía a los marineros encontrar la posición del Sol en cielos encapotados.

La iolita es otra gema con fuertes efectos pleocroicos. En el caso de esta piedra son expuestos tres colores separados, haciendo así su efecto tricroico. Ha sido erróneamente llamada *dicroita* (del griego *dichrois*, "de dos colores"); sin embargo, un efecto dicroico consistiría en sólo dos colores, como el nombre lo sugiere. Otros nombres para la iolita incluyen zafiro de agua y cordierita. Este último es un tributo a P.L.A. Cordier, un mineralogista francés de comienzos del siglo XVII.

La energía tranquilizante de la iolita brinda estabilidad a las emociones de la persona. Ayuda a fortalecer la fe y promueve la cooperación.

Color(es)	Azul, azul violeta, azul grisáceo, verde (rara).
Asociaciones	Libra, Sagitario, Tauro; chakras base y del sacro; yin.
Usos	Cualquier dirección donde la estabilidad esté asegurada; Sureste (riqueza/recursos); centro (espiritual/tranquilizar); Noroeste (personas serviciales); cualquier dirección negativa (estabilidad/cooperación).

Jade

Hay dos tipos de jade: jadeita y nefrita. El término *jade* se originó de la frase portuguesa *piedre de ilharga*, que significa "piedra de los lomos", y explica su uso para aliviar problemas renales. En español es *piedra de la ijada*, y en francés *piedra de l'ejade*. Nefrita viene del griego *nephros*, que significa "riñón". *Lapis nephriticus* es el latín para "piedra del riñón".

Ambos tipos de jade son técnicamente rocas conformadas por microscópicos cristales entrelazados. La jadeita tiene una estructura cristalina ligeramente más gruesa.

La nefrita es el jade que fue usado en la antigua China desde el año 3000 a. de C. Era un símbolo de estatus y se creía que dotaba poderes de inmortalidad. Por estas razones, fue utilizado en las tumbas de emperadores y otras personas importantes. También era un símbolo de amor y virtud. Aunque los antiguos chinos estaban familiarizados con la jadeita, no la consideraban jade "auténtico" y preferían la nefrita.

En las Américas, la jadeita fue usada por los aztecas, olmecas y mayas para adornos y esculturas. En Europa, hachas y herramientas de jadeita datan del período neolítico. También fue popular en los siglos XVIII y XIX.

Actualmente, la jadeita es la que generalmente se considera "auténtico" jade. Hay tres grados de esta gema: el jade "A" es una piedra natural sin alteraciones; el jade "B" ha sido tratado para disminuir colores secundarios; y el jade "C" es coloreado artificialmente.

Existe una plétora de imitadores de jade, entre los que se incluyen la venturina, cornalina, crisoprasa, esmeralda, granate, jaspe, cuarzo, vidrio, plástico y otros.

El jade ha sido llamado la "piedra de la fidelidad", debido a su relación con el amor y la virtud. También se conoce como "piedra del sueño" porque ayuda a recordar sueños. Al igual que el diamante de Herkimer, puede ser colocado bajo la almohada para trabajo con sueños. A diferencia del diamante de Herkimer, no necesita una piedra acompañante para suavizar la energía. El jade promueve paz y armonía, y está asociado a la longevidad. Ayuda a encontrar sabiduría para resolver problemas y atraer buena suerte.

Color(es)	Jadeíta— negra, café, verde, lavanda, roja, blanca, amarilla.
	Nefrita— negra, café, verde, roja, blanca, amarilla.
Asociaciones	Aries, Géminis, Libra, Tauro; chakra de la corona; Neptuno, Venus; yin.
Usos	Centro (armonía); Suroeste (parejas/amor); Noreste (sabiduría); direcciones positivas: vida y longevidad; cualquier dirección negativa (soluciona problemas/trae suerte).

Jaspe

El jaspe era llamado *jashp* en la antigua Persia, y *ashpo* en Siria. El nombre latín es *jaspis*. Actualmente, los nombres para los muchos tipos de jaspe corresponden a sus atributos tales como colores y patrones; por ejemplo, hay *jaspe de cintas* y *jaspe de imágenes* (otra de las "piedras Rorschach" de la naturaleza).

Esta gema fue popular en todo el mundo antiguo para joyería, copas y otros objetos. Sus primeros usos se remontan al período paleolítico. Los nativos americanos lo empleaban para protegerse cuando viajaban, además de conectarse con los espíritus. El jaspe rojo es símbolo de sangre y ayuda a lograr una conexión con las energías de la tierra.

El jaspe es una variedad de calcedonia que fomenta la capacidad de alimentarse. Provee una unión con la tierra y protección contra la negatividad.

Color(es)   Azul grisáceo, verde, naranja, rojo, marrón, amarillo.

Asociaciones   General— Leo; todos los chakras; yang.
                 Jaspe rojo— Tauro; yang.
                 Jaspe amarillo— Sagitario; yang.

Usos   Centro (conexión con la tierra); Oeste (hijos);
                 Suroeste (relaciones); Este (comunidad/familia);
                 cualquier dirección negativa (protección contra
                 la negatividad).

Kianita, vea andalucita

Kunzita

La kunzita es una variedad de espodumeno. *Spodumenos*, palabra griega para "cenizas quemadas", describe el color blanco grisáceo de muchas de estas gemas. El nombre de kunzita se debe a George Kunz, un geólogo y comprador para Tiffany & Company a comienzos del siglo XX.

Esta gema es frecuentemente encontrada con morganita y turmalina rosada. Además de ser pleocroica, la kunzita es ocasionalmente fosforescente. Esta cualidad y su sensibilidad a la luz del Sol —se destiñe si es expuesta a luz fuerte—, son las razones por las que fue llamada "piedra de la noche".

La kunzita genera pensamientos positivos y amorosos. Elimina la negatividad, además de cualquier obstáculo que pueda impedir el crecimiento de la persona. Provee libertad interior, apoyo emocional, dirección y protección.

Color(es)	Incolora, verde, gris, rosada, púrpura, amarilla.
Asociaciones	Leo, Escorpión, Tauro; chakra del corazón; Plutón, Venus; yin.
Usos	Norte (viaje personal); Suroeste (relaciones); Noreste (autocultivo); cualquier dirección negativa (remueve obstáculos).

Labradorita

La labradorita es un tipo de espectrolita (encontrado en Noruega, Finlandia y la Península del Labrador, Canadá) de la familia de las plagioclasas. Su iridiscente dispersión de diferentes colores es llamada *labradorescencia*. Esta gema es frecuentemente encontrada con cuarzo, y los más famosos yacimientos se encuentran en Labrador, Canadá, donde fue "descubierta" en 1770. Su uso por parte de tribus algonquinas en el estado de Maine se remonta al año 1000.[11] A veces es confundida con el ópalo.

La labradorita es buena para cultivar habilidades psíquicas. Con fuertes poderes de transformación, introduce pensamientos intuitivos para acciones positivas. Ayuda a la confianza en sí mismo y a liberar inseguridades. Simboliza vitalidad. (*Vea también* Feldespato).

Color(es)	Azul clara, verde clara, gris, blanca, roja anaranjada clara, negra.
Asociaciones	Leo, Sagitario, Escorpión; chakra del sacro; Neptuno, Plutón, Urano.
Usos	Sureste (recursos); Sur (éxito/reputación); Noreste (autocultivo); direcciones negativas que ocupan la cocina, el comedor o la alcoba (vitalidad).

Lágrima de apache

Vea la obsidiana para una descripción completa. La lágrima de apache es usada para protección y atraer buena suerte.

Color(es)	Negro.
Asociaciones	Saturno; yang.
Usos	Cualquier dirección negativa (protección/suerte).

Lapislázuli

Técnicamente esta gema es una roca conformada por varios minerales —principalmente lazurita y calcita—. La pirita también aparece frecuentemente y le da al lapislázuli sus puntos dorados. Esta gema deriva su nombre de la palabra latina para "piedra", *lapis*, y la palabra árabe *azul*.

El lapislázuli fue una piedra preferida en la antigüedad, y ha sido extraída por más de seis mil años. La capital mesopotámica de Ur tuvo un comercio de lapislázuli que se remonta al año 3000 a. de C. Fue usado extensivamente en Egipto, Grecia, Mesopotamia, Persia y el Imperio Romano. Los egipcios lo trituraban y usaban como cosmético. También lo empleaban para sellos y figurillas y floreros grabados. Creían que esta gema ayudaba a adquirir sabiduría sagrada.

Los europeos lo llamaban *ultramarino*, que aludía a su color azul y significaba "más allá del mar". En Europa también era triturado y usado como pigmento para pintura en el siglo XIX. Se empleaba para taraceado en muebles, y en San Petersburgo, Rusia, fue utilizado para adornar columnas en la catedral de San Issac y una habitación en el palacio de Pushkin. Entre sus imitadores se incluyen la espinela sintética, cristal, plástico, y un jaspe teñido llamado "lapis suizo".

El lapislázuli es una poderosa piedra de sabiduría que fortalece la expresión personal y la intuición. La conciencia que transmite ayuda a acceder a antiguos conocimientos. También es una gema protectora y promueve la tranquilidad.

Color(es)	Azul, ocasionalmente con puntos violetas, blancos o dorados.
Asociaciones	Aries, Sagitario; chakras de la garganta y el tercer ojo; Neptuno, Venus; yin.
Usos	Piedra principal de la dirección noreste; centro (tranquilidad/espiritualidad); Noreste (sabiduría/conocimiento); Norte (viaje personal); Oeste (creatividad); cualquier dirección negativa (protección).

Magnetita, vea piedra imán

Malaquita

Esta gema es un carbonato natural y toma su nombre del griego *malaku*, que significa "malva", una familia de hierbas. Es un mineral de cobre secundario que es creado cuando este elemento es alterado por otros químicos. La azurita, otro mineral de cobre secundario, es usualmente encontrada con la malaquita. No es raro hallar las dos juntas, formando la *azure-malaquita*.

La malaquita ha sido usada durante siglos en joyería y como adorno de la casa. Al igual que otras gemas, fue triturada y utilizada como pigmento para pintura. En la Rusia zarista se empleó para adornar catedrales y palacios.

La malaquita ha sido llamada la "piedra de la transformación". Como tal, su poder abarca situaciones cotidianas además de progresión espiritual. Es una ayuda para la introspección y el equilibrio. Atrae lealtad y bienestar. También provee protección, promueve el éxito y destierra la negatividad. Ayuda a sortear los contratiempos y desafíos de la vida.

Color(es)	Verde clara a oscura.
Asociaciones	Capricornio, Escorpión; chakra del plexo solar; Venus; yin.
Usos	Piedra principal del elemento metal; centro (progresión espiritual/equilibrio); Suroeste (relaciones/lealtad); Norte (viaje personal/introspección); cualquier dirección (alcanzar objetivos); cualquier dirección negativa, especialmente la de contratiempo y dificultad (protección y desterrar la negatividad).

Microclina, vea amazonita

Morganita, vea berilo

Obsidiana

Esta gema es realmente vidrio natural que es creado cuando lava caliente se sumerge en agua. Este proceso forma la textura vidriosa de la obsidiana. Antes que la roca fundida se enfríe, burbujas de aire pueden quedar atrapadas entre capas y producir efectos maravillosos. Algunas de estas gemas han sido llamadas *obsidiana de arco iris* y *obsidiana lustrosa*. Cuando pequeños cristales de cristobalita son atrapados, el resultado es la *obsidiana de copos de nieve*. *Lágrima de apache* es el nombre dado a la obsidiana que se ha vuelto lisa y redonda por el viento y el agua, haciéndola perfecta para el uso en el feng shui.

Antiguas herramientas y armas fueron hechas con obsidiana, debido al afilado borde cortante que puede ser producido al astillarla. También ha sido usada para joyas y espejos. Se dice que también puede reflejar el alma de una persona.[12]

La obsidiana es una fuerte piedra para conectarnos con la tierra, y ha sido llamada "la protectora" por su capacidad para bloquear energía negativa. Es popularmente usada para adivinar a través de los espejos y se cree que ayuda a ver el futuro dando conocimiento. También es útil para disipar verdades a medias.

Color(es)	Verde oscura, café oscura, negra. Lustrosas— dorada, verde, azul, púrpura, amarilla.
Asociaciones	Sagitario; chakra base; Plutón, Saturno; yang.
Usos	Gema principal para la dirección norte; Norte (viaje personal); centro (conexión con la tierra); cualquier dirección negativa (protección).

Ojo de gato, vea crisoberilo

Oligoclasa, vea piedra del Sol

Ónix

Esta variedad de calcedonia toma su nombre de una palabra griega que se refería a una uña, garra o pezuña. Fue popular en la antigua Grecia, donde una leyenda dice que Cupido, como una broma o servicio, recortó las uñas de la durmiente Venus. Al no desear ver una parte de ella echada a perder, las Parcas convirtieron en piedra los recortes de uñas de Venus. Los griegos llamaban "ónix" casi a cualquier calcedonia de color.

Los romanos limitaron el nombre "ónix" a las variedades de calcedonia de color café oscuro y negro. También le dieron el nombre "sardónice" al ónix (ónice) pardo rojizo. El ónix también fue popular durante el Renacimiento y en el siglo XIX.

Esta es una piedra que provee equilibrio y estabilidad además de protección. Cuando es usada en trabajo con sueños o meditación, puede ayudar a traer dirección y transformación de una fuente interior. Ayuda a controlar las emociones y pensamientos negativos.

Color(es)	Negro, pardo negruzco con bandas blancas. Sardónice— pardo rojizo, a veces con bandas blancas o rojas más claras.
Asociaciones	Leo; chakras base y de la garganta; Saturno, Marte; yang.
Usos	Centro (equilibrio); Noreste (autocultivo); cualquier dirección donde busque transformación; cualquier dirección negativa (protección).

Ópalo

Esta gema toma su nombre de la palabra sánscrita *upala*, que significa "piedra preciosa", además de la palabra griega *opallios*, "cambio de color". En la antigua Roma era llamado *opalus*.

Conteniendo un 10 por ciento de agua, la opalescencia, o "juego del color", es producida por minúsculas esferas de sílice. Junto con el agua, estas diminutas esferas crean diferentes escalas de difracción de la luz. Entre más alineadas estén las esferas de sílice, más brillante será el color de la piedra. Este juego iridiscente del color también se conoce como "fuego" de una piedra. Si la gema es calentada a altas temperaturas, el agua se perderá, y junto con ella la opalescencia. La transparencia de la piedra y su color de fondo también afectan la profundidad general del color.

Artefactos de seis mil años encontrados por Louis Leakey muestran los primeros usos conocidos del ópalo. Los antiguos griegos y romanos apreciaban la utilización de esta piedra y su valor era mayor que el del diamante. Los romanos lo llamaban "piedra de Cupido", porque su color puede evocar un aspecto sensual. Los aztecas también usaban y valoraban el ópalo. Esta gema fue mencionada en los escritos del antiguo erudito Plinio, y nuevamente siglos después por Shakespeare en *Twelfth Night*. En la Edad Media fue llamado *ohthalmios*, que significa "piedra del ojo", porque se creía que conservaba la vista de una persona. También en la Europa medieval, si el ópalo era usado por una mujer de cabello rubio, supuestamente evitaba que se le volviera gris.

Durante los años de peste del siglo XIV, el ópalo fue conocido como una piedra de mala suerte. Se decía que cambiaban de color las piedras de quienes la usaban y morían. Ahora se cree que el rápido cambio de temperatura de la persona (de fiebre alta al frío después de la muerte) puede haber sido suficiente para hacer que un ópalo cambiara de color. Cuando esta gema tiene una fractura puede fácilmente quebrarse —un defecto que se suma a su relación con la mala suerte—.

Los gobernantes apreciaban el ópalo. Fue usado en la corona del emperador del Sacro Imperio Romano-Germánico y en la joyas de la corona francesa. Los ópalos llamaron la atención de la reina Victoria cuando fueron encontradas nuevas fuentes en Australia, y ella lo hizo nuevamente popular durante su reinado.

Algunos imitadores del ópalo son llamados *opalita* y *Piedra Slocum*; también se incluyen el cristal y el plástico.

El ópalo ha sido llamado "piedra de visionarios". Los griegos creían que tenía el poder de la profecía. Los romanos lo veían como un símbolo de esperanza. Esta gema atrae inspiración, conocimiento, y estimula una visión más amplia. Algunos creen que aumenta la clarividencia.

Color(es)	Ópalo negro— oscuro a negro grisáceo, color base oscuro.
	Ópalo blanco— lechoso, gris claro, color base blanco.
	Ópalo gris— gris claro, color base gris.
	Ópalo de fuego— rojo amarillento, rojo parduzco, color base naranja rojizo.
	Hialita— incolora (del griego hyalos, que significa "vidrio").
Asociaciones	Libra, Escorpión, Sagitario; chakras de la garganta, la corona y el tercer ojo; Mercurio; yin.
Usos	Gema principal para el elemento agua; Sur (iluminación/conocimiento); Norte (viaje personal); Sureste (valor personal); Oeste (creatividad); cualquier dirección negativa (símbolo de esperanza).

Peridoto (Crisólito)

El peridoto, un miembro de la familia del cuarzo, toma su nombre del francés *péridot*, que a su vez se originó de la palabra árabe para "gema", *faridat*. Esta piedra ya era usada por los egipcios en el año 1500 a. de C. Los registros de sus primeras explotaciones datan del año 70 en la isla de San Juan en el mar Rojo.

Esta gema nace del fuego; es encontrada en rocas de volcanes. Se dice que la diosa hawaiana Pele derramó lágrimas de peridoto. Ardientes meteoros han dejado yacimientos de esta piedra, que también ha sido encontrada en la Luna.

El peridoto es una variedad del olivino. El nombre del mineral del peridoto es *crisólito*, del griego *chrysos*, que significa "dorado/amarillo". Los griegos también lo usaban para el crisoberilo amarillo y otras piedras amarillentas. En el antiguo Egipto, el peridoto más amarillento era llamado "topacio", ya que no se distinguía de esa gema en aquella época. Algunos eruditos creen que puede haber sido el "topacio" en el pectoral de Aarón mencionado en la Biblia.

Los antiguos romanos lo llamaban "esmeralda de la noche", porque conservaba su color y no se oscurecía cuando no recibía la luz del Sol. El peridoto se hizo popular en Europa después que los cruzados lo trajeron de nuevo del Mediterráneo. Se cree que inicialmente pensaban que eran esmeraldas. La "esmeralda" que honra el santuario de los Tres Reyes Santos en la catedral de Colonia, era identificada como peridoto a finales del siglo XIX. Después fue extraído en Bohemia (República Checa), y en 1990, cuando se descubrieron otras fuentes, se volvió más popular. Además de ser usado para decorar iglesias, era triturado hasta polvo y empleado como remedio para el asma.

El peridoto promueve paz y felicidad, y atrae éxito y buena suerte. Protege contra pesadillas y la negatividad en general. También sirve para ayudar a arreglar relaciones dañadas. Esta gema es un símbolo de renacimiento y renovación. Atrae bienestar y construye vitalidad.

Color(es)	Verde, café verdoso, amarillo verdoso, amarillo.
Asociaciones	Virgo; chakras de la garganta y el corazón; Mercurio, Venus; yin.
Usos	Gema principal para el elemento fuego; Sur (éxito); Norte (viaje personal); Suroeste (relaciones); Noroeste (viajes); cualquier dirección negativa (protección); cualquier dirección (buena suerte/vitalidad).

Perla

La perla es la única gema creada por un ser vivo. Su popularidad comenzó antes del período clásico griego y romano, y nunca ha disminuido. Las perlas fueron usadas a lo largo de Asia, los mares del Sur, y por nativos americanos. Los griegos les atribuían la capacidad de ayudar a sostener un matrimonio feliz. Cleopatra utilizó perlas como posteriormente lo hizo la mayor parte de la realeza europea. Del siglo XIII al siglo XVI, a las personas corrientes no se les permitía usarlas, ya que eran vistas como especiales para sólo los de sangre real.

Las perlas completamente naturales son raras, y por consiguiente, muy costosas. La mayoría de las que se encuentran en el mercado son "cultivadas", es decir, el proceso de crear la perla es iniciado por manos humanas. Una perla empieza como un irritante dentro de una ostra. En la naturaleza, esto podría ser un grano de arena; en "granjas" de perlas, es un abalorio que se implanta en el molusco. Esto no es cómodo para la ostra, por eso libera una secreción llamada nácar para cubrir el irritante. El nácar es la misma materia que reviste el interior de la concha de la ostra. Cualquier perla que se forme tendrá el mismo color. Por ejemplo, el abalone, cuya concha es muy usada para taraceado y joyería, produce perlas de color verde azulado, verde, rosado y amarillo. Estas gemas son creadas por moluscos de agua dulce y salada.

El lustre de una perla (cualidad reflectiva) aumenta su valor. Entre más fino sea el lustre, mayor es la calidad. El "oriente" de esta gema se refiere al iridiscente brillo de su superficie. La forma también es importante pero cambia con los tiempos. Diversas formas irregulares —gotas, peras, huevos— están de moda por épocas. La redondez perfecta siempre ha sido muy apreciada, probablemente porque es difícil de encontrarla.

Los imitadores incluyen abalorios de cristal y plástico revestidos, llamados *perlas de Mallorca*, que son creados metiéndolos en una solución hecha con escamas de pescado.

La perla simboliza pureza y claridad emocional. Induce el equilibrio emocional y la sinceridad. Una leyenda dice que la perla es una lágrima de alegría de un ángel.

Color(es)	Blanca, crema, plateada, gris, dorada, azul, verde, rosada, amarilla, negra.
Asociaciones	Chakra de la corona; Venus, Luna; yin.
Usos	Gema secundaria para el elemento agua; Noreste (autocultivo); Norte (viaje personal).

Piedra de la Luna

La piedra de la Luna es un tipo de feldespato que tiene un brillo reluciente. Este efecto es causado por la combinación de feldespatos con diferentes densidades y cualidades refractivas.

Un antiguo mito romano describía que esta gema fue creada por la luz de la Luna. Era usada como joya por los romanos hacia el año 100. Muchos siglos después fue popular en joyería del Art Nouveau. Los romanos creían que esta gema contenía la imagen de la diosa Diana. La piedra de la Luna era considerada sagrada en la India; ahí se creía que si uno la sostenía en la boca durante la Luna llena, el futuro podía ser visto. En la Europa del siglo XVI, pensaban que podía ayudar a mantener despierta una persona.

La piedra de la Luna ha sido llamada la "piedra del viajero" y considerada protectora durante un viaje. Las asociaciones de esta gema con la Luna y la gran Diosa, también la relaciona con las madres y el amor incondicional. También estimula la inspiración, la conciencia y la creatividad. Trae buena suerte, alivia el miedo y equilibra el yin y el yang. (*Vea también* Feldespato).

Color(es)	Incolora a gris, gris azulada, café, verde, rosada, amarilla.
Asociaciones	Cáncer, Libra, Escorpión; chakra del corazón; Luna; yin.
Usos	Piedra principal de la dirección noroeste; centro (equilibrio); Noroeste (viajes); Norte (viaje personal); Oeste (creatividad); Suroeste (amor/madre); Sureste (riqueza); cualquier dirección negativa (buena suerte).

Piedra del Sol (Oligoclasa)

Esta gema es un tipo de feldespato que brilla debido a sus inclusiones de hematita y/o goetita. Aunque los colores más comunes de esta gema son como los del Sol, una verde es comúnmente llamada *feldespato venturina*. La piedra del Sol ha sido usada por habitantes de la antigua India y Grecia, además de los nativos americanos en Canadá, para rituales de curación solar y conexión con guías espirituales.

Esta piedra alivia el estrés y destierra el miedo. También es útil cuando se está trabajando con el reino espiritual. (*Vea también* Feldespato).

Color(es)	Amarilla, naranja, roja, parda, rosada, melocotón, verde y gris.
Asociaciones	Libra, Leo; chakras del sacro y plexo solar; Sol; yang.
Usos	Centro (espíritu); Norte (viaje personal); Noreste (autocultivo); cualquier dirección negativa (tratar miedos/aliviar el estrés).

Piedra imán (Magnetita)

Esta gema toma su nombre del latín *magnes*, que significa "imán". La magnetita es una de las dos piedras magnéticas. Una fábula relacionada con su nombre nos habla de un pastor, Magnes, que accidentalmente descubre este mineral en el monte Ida (Noroeste de Turquía) cuando los clavos de sus zapatos se pegaron a las rocas.

La piedra imán es una variedad de la magnetita, que es un óxito de hierro. La ciudad rusa de Magnitogorsk toma su nombre de este mineral, además de su industria como un importante fabricante de hierro. En la Edad Media, la estrella polar se hizo conocida como la "estrella guía" porque atraía la atención de marineros y ayudaba a guiarlos.

La piedra imán equilibra las energías yin y yang, provee motivación y estimula la confianza. Ayuda a encontrar el camino espiritual de una persona.

Color(es)	Negra, gris oscura, roja pardusca con rayas negras.
Asociaciones	Géminis, Virgo; chakra del sacro; yin/yang.
Usos	Norte (viaje personal); centro (equilibrio/espiritualidad); Sur (reconocimiento/fama); cualquier aspecto de la vida donde se necesite motivación y/o dirección.

Quiastolita, vea andalucita

Restañasangre (Heliotropo)

Esta variedad de calcedonia fue llamada la "piedra del mártir" en la Europa medieval. La leyenda dice que el jaspe verde en el pie de la cruz fue manchado con gotas de sangre de Jesús. Debido a la popularidad de esta historia, se cree que la restañasangre posee poderes especiales y fue una piedra dotada para hacer escenas de la crucifixión. La pieza más famosa de este género fue creada en 1525 por Matteo del Nassaro de Italia. Es titulada "El descenso de la Santa Cruz".

La restañasangre también se conoce como *heliotropo*. Este nombre proviene de las regiones mediterráneas donde se decía que el colorido de la piedra recordaba el brillo rojizo del Sol *(helios)* ocultándose sobre el mar verde. Esta gema fue usada por los babilonios para sellos y amuletos. Se creía que hacía invisible a quien la portaba, un atributo mencionado por Dante en su novela *La divina comedia*. Frecuentemente es confundida con la hematita.

La restañasangre es una gema de valor y fortaleza, y útil para ayudar a remover obstáculos. Es asociada con honestidad e integridad. Se cree que ayuda a lograr una conexión con los antepasados y apoya relaciones —especialmente amorosas—. También neutraliza toxinas y atrae buena suerte y abundancia.

Color(es)	Verde con manchas de color rojo vivo.
Asociaciones	Aries, Libra, Piscis; chakras raíz y del corazón; Tierra, Marte; yang.
Usos	Este (ancestros); Sureste (abundancia); Suroeste (relaciones/amor); direcciones negativas (remover obstáculos/atraer suerte).

Rodocrosita (Dialogita)

Esta gema toma su nombre del griego *rhodochros*, que significa "color de rosa". Aunque fue "descubierta" en Argentina justo antes de la II Guerra Mundial, ya era usada por los incas en el siglo XIII. A veces es llamada "rosa inca". La rodocrosita es principalmente usada como mineral industrial en la producción de acero de aleación.

Al extremo opuesto, debido a su color, ha sido llamada la piedra del "amor y el equilibrio". Es un suave balanceador de emociones y transmite un mensaje de amor atrayendo luz blanca. Esta gema genera amor en todos los niveles. Atrae el bienestar y provee apoyo durante tiempos de transición.

Color(es)	Rosada (usualmente clara) con rayas blancas.
Asociaciones	Leo, Escorpión; chakra del corazón; Marte, Mercurio, Venus; yang.
Usos	Suroeste (amor/relaciones/pareja); centro (equilibrio); Sureste (abundancia/confort); cualquier área que necesite amor y cuidado; cualquier área donde haya transición (apoyo); cualquier dirección negativa (contrarrestar la negatividad con amor).

Rodonita

La rodonita toma su nombre del griego *rhodon*, que significa "rosa". Esta gema es pleocroica y ha sido usada para objetos decorativos —principalmente abalorios, estuches y floreros grabados— desde el siglo XIX.

Debido a su color rosado y las asociaciones de las rosas, la rodonita ha sido llamada "piedra del amor" y "piedra del amor fraternal". Este amor se extiende al más amplio nivel de protección de la humanidad y riqueza espiritual. La rodonita trae orden a situaciones caóticas con apoyo emocional, y calma la ansiedad a través de una visión clara. Equilibra el yin y el yang.

Color(es)	Rosada oscura con venas negras.
Asociaciones	Tauro; chakras del corazón y el plexo solar; Marte; yang.
Usos	Este (comunidad); centro (equilibrio); Noreste (sabiduría); Noroeste (personas serviciales); Suroeste (amor); cualquier dirección negativa (desterrar el caos/calma).

Rubí

Proviene de la palabra latina "rojo", *rubeus*. Ha sido llamado el "rey de las piedras preciosas", "señor de las gemas" y "reina de las gemas". Esta piedra fue mencionada por los antiguos en la Biblia y en escritos sánscritos. Es una variedad del corindón, la forma cristalina del óxido de aluminio. Los otros colores del corindón son llamados *zafiro*. Ha sido un continuo debate definir si el corindón rosado claro es rubí o zafiro.

Además de su intenso color, el rubí puede tener un efecto de asterismo. Muestra una estrella de seis puntas que parece seguir una fuente de luz. Esta estrella es creada por "agujas" de rutilo que se alinean con las caras cristalinas del rubí.

Las piedras intensamente coloridas de Birmania son llamadas *sangre de paloma*. Los antiguos romanos la consideraban la piedra del dios de la guerra, Marte. El rubí fue mencionado en los escritos de Plinio y Marco Polo. Se cree que cuando una de estas gemas adopta un color más oscuro, indica que la mala suerte caerá sobre quien la usa. Se dice que la primera esposa de Enrique VIII, Catalina de Aragón, esperó dificultades porque su rubí se oscureció.[13]

Debido a que el rubí es raro, casi todas las gemas de color rojo subido se usan para imitarlo. El balaje es una espinela, y el rubí brasileño es realmente topacio rosado. Los rubíes que no tienen calidad de gemas son usados como apoyos de movimiento en relojes.

Durante siglos el rubí ha sido un símbolo de devoción y amor. Además, se cree que atrae riqueza, inspira sabiduría y fortalece la autoestima. Esta gema engendra lealtad y generosidad. Disipa el miedo y protege de todas las formas de negatividad.

Color(es)	Rojo, rojo parduzco, rojo rosado, rojo púrpura.
Asociaciones	Cáncer, Leo, Escorpión; chakra del corazón; Marte, Sol; yang.
Usos	Noroeste (padre/ayudar personas); Sureste (valor personal/riqueza); Suroeste (relaciones/lealtad); Noreste (sabiduría); cualquier dirección negativa (protección).

Sardio

Esta gema toma su nombre del griego *sard*, que significa "pardo rojizo". Es una variedad de la calcedonia que, si fuera un poco más roja, sería cornalina.

El sardio fue usado por los micénicos (1450–1100 a. de C.) y los asirios (1400–600 a. de C.). Junto con la cornalina, fue empleado para grabados y sellos por los antiguos romanos.

En el siglo IV, el sardio se utilizó para curar heridas. Es un fuerte protector contra la negatividad y estimula la confianza en sí mismo.

Color(es)	Pardo rojizo vivo.
Asociaciones	Marte; yang.
Usos	Sur (respeto/reputación); Sureste (valor personal); Suroeste (relaciones); cualquier dirección negativa (protección); un curador general.

Sardónice

Esta variedad con venas del cuarzo cirptocristalino toma su nombre del griego *sard*, que significa "pardo rojizo", y *ónix*, palabra latina que quiere decir "gema venosa". En el antiguo Egipto (2000 a. de C.), el sardónice se hizo popular porque estaba comúnmente disponible para la mayoría de personas, mientras las piedras preciosas eran accesibles sólo para la realeza y la clase alta. Fue mencionado como una de las piedras en el pectoral de Aarón. Los judíos a menudo lo llevaban puesto y usaban para adornar sus templos.

Los camafeos de sardónice se hicieron populares en la Grecia y Roma clásicas, y continuaron siéndolo durante muchos siglos. También fue utilizado frecuentemente como la piedra al final de la cadena del reloj de bolsillo. Se dice que Napoleón usó un sardónice grabado de Egipto en la cadena de su reloj.[14]

En la Edad Media, el sardónice fue usado para curar, especialmente los ojos. Se decía que la frescura de la piedra al ser colocada sobre los párpados, daba un respiro al malestar. Durante el Renacimiento, su poder para ayudar en la comunicación lo hizo favorito para los oradores. También fue un símbolo de matrimonio feliz.

Un camafeo de la reina Isabel I de Inglaterra, fue grabado en sardónice y dado por ella en un anillo al conde de Essex. Con este anillo también le prometió su ayuda. Años después, cuando el conde estaba condenado por traición y sentenciado a muerte, el anillo cayó en manos equivocadas y no regresó a la reina a tiempo para salvarlo.

El sardónice ayuda a tener pensamientos claros y enfocados, y es usado para mejorar la comunicación entre parejas.

Color(es)	Pardo rojizo.
Asociaciones	Marte; yang.
Usos	Suroeste (pareja/amor); Oeste (proyectos); Noreste (sabiduría).

Serpentina

Esta gema toma su nombre del latín *serpens*, que significa "serpiente", lo cual se refiere a sus patrones y colores semejantes a la piel de este animal. Desde tiempos antiguos fue usada como amuleto para proteger a la persona de las mordeduras de serpiente. Ha sido utilizada para objetos decorativos y es una piedra popular para escultores africanos en Zimbabwe. La serpentina se ha empleado como sustituta del jade y es llamada *jade coreano* o *jade inmaturo*.

La asociación de esta gema con las serpientes abarca hasta su capacidad de extender la energía kundalini. Mejora la meditación.

Color(es)   Verde, verde parduzca, verde negruzca, parda, amarilla.

Asociaciones   Géminis; chakra del corazón; Saturno; yang.

Usos   Norte (viaje personal); centro (equilibrio/ espiritualidad).

Sodalita

La sodalita es un mineral frecuentemente confundido con el lapislázuli y usada como sustituto de esta gema. Su nombre puede haberse originado del latín *sodanum*, que significa "cura para dolores de cabeza". (*Suda* en árabe significa "dolor de cabeza"). Desde el siglo XVII ha sido empleada para joyería.

La sodalita mejora las relaciones en la comunidad y ayuda a solucionar problemas lógicamente. También ayuda a aclarar el propósito y la dirección en la vida. Esta gema sirve como apoyo en la meditación y la búsqueda de sabiduría.

Color(es)	Azul, azul lavanda, verde, gris, blanca e incolora.
Asociaciones	Venus; yin.
Usos	Este (comunidad); Suroeste (relaciones); Noreste (sabiduría); Norte (carrera); Sur (éxito); cualquier dirección negativa (resolver problemas).

Tanzanita

La tanzanita es nueva en el escenario de las gemas y fue descubierta en 1967 cuando un explorador buscaba zafiros. Esta piedra sólo es encontrada en Tanzania, no lejos del monte Kilimanjaro. En los años setenta sólo estaba disponible a través de Tiffany & Company.

La tanzanita es una gema tricroica, lo que significa que aparece con uno de tres colores cuando es observada desde diferentes ángulos. Estos colores son frecuentemente azul, púrpura y pardo bronce. El color predominante es el pardo; sin embargo, el tratamiento con calor crea el "azul aterciopelado".

La tanzanita es una variedad de la zoisita —un mineral que recibió su nombre por el barón Siegmund Zois, un erudito austriaco (1747–1819)—. Esta gema ayuda a manejar cambios y dificultades.

Color(es)	Azul, violeta, púrpura, pardo bronce. Tanzanita cromada— verde.
Asociaciones	Yang.
Usos	Noroeste (benefactores); Sureste (recursos personales); Noreste (conocimiento); dificultad (manejar cambios).

Topacio

Hay dos posibles orígenes para el nombre de esta gema. Uno es la palabra sánscrita *tapas*, que significa "fuego". El otro es el nombre griego para una isla del mar Rojo, Topazion. La isla se encontraba frecuentemente envuelta en niebla, así que su nombre viene a ser sinónimo de buscar. Esta puede ser la fuente de la creencia de que el topacio puede ayudar a aclarar la visión —no sólo físicamente, sino también para "ver" el camino en medio de los problemas—. El topacio también estaba dotado con la capacidad de hacer invisible a quien lo usaba (como si la niebla de la isla Topazion pudiera ser llamada). En la Edad Media, esta característica del topacio fue atribuida a su poder para llamar ángeles guardianes en momentos de emergencia. También se creía que curaba fiebres y facilitaba los partos.

Debido a su color más predominante, el topacio era asociado con el dios del Sol Ra, en el antiguo Egipto, y Júpiter en la antigua Roma. En la época clásica de Grecia y Roma, el nombre "topacio" fue usado para la mayoría de piedras amarillentas. Su popularidad creció en el siglo XIII y ha permanecido vigente desde entonces. El término topacio "imperial" para las piedras de color rosado subido y rojo anaranjado, se originó debido a su renombre en los siglos XVIII y XIX con los zares y zarinas de Rusia. A mediados del siglo XIX era muy apreciado y costoso. El gran topacio incoloro de la corona portuguesa fue originalmente considerado un diamante, cuando fue encontrado en 1740.

El topacio azul, que ha estado creciendo en popularidad, es usualmente creado irradiando piedras incoloras, claras o blancas.

El topacio ayuda a enfocarnos en lo que queremos alcanzar. Llamado la "piedra del Sol", trae calor y luz además de curar a quienes lo necesitan. Atrae abundancia y amor. También hace que la energía esté en movimiento. Esta gema alivia tensiones y promueve comunicación.

Color(es)	Amarillo, pardo amarillento, pardo anaranjado, rojo, azul, verde, violeta.
Asociaciones	Sagitario, Escorpión, Tauro; chakra del plexo solar y más arriba; Mercurio, Sol; yang.
Usos	Sureste (valor neto/abundancia); Suroeste (amor/ pareja); cualquier área donde la energía se haya estancado; en cualquier parte para aliviar tensión.

Tsavorita

Esta gema es una variedad grosular del granate, que sólo fue descubierta en Kenia y Tanzania a finales de los años sesenta. Toma su nombre del Tsavo vedado de caza en Kenia. Con un color brillante tipo esmeralda, la tsavorita fue anunciada al mundo por Tiffany & Company. Es usualmente encontrada con una capa de cuarzo o escapolita, y originalmente se pensó que era demantoid, la otra variedad de granate verde.

Use tsavorita para vibrar con el chakra del corazón.

Color(es)	Verde clara a verde esmeralda, amarilla.
Asociaciones	Chakra del corazón; Marte, Plutón; yin.
Usos	Centro (equilibrio/armonía).

Turmalina

La turmalina corresponde a un gran grupo de minerales que aparecen en todos los colores del arco iris, además de incoloros. Esta gema toma su nombre de las palabras cingalesas (Sri Lanka) *turamali* ("piedras con colores mezclados") y *toramalle* ("algo pequeño de la tierra"). Estos términos fueron inicialmente usados en referencia a piedras verdes, pardas y amarillas, y principalmente al zircón.

La turmalina ha sido utilizada por su belleza durante miles de años. Un entallo de turmalina de Alejandro Magno, datado entre el año 300 y 200 a. de C., está en exposición en el Ashmolean Museum en Oxford, Inglaterra. Aunque la joyería nórdica con esta gema data del año 1000, sólo en 1703 los comerciantes holandeses le dieron un uso extendido en Europa desde Ceilán. Muchos de los rubíes de las joyas de la corona rusa del siglo XVII resultaron ser turmalinas.

En la Inglaterra victoriana, la variedad negra de la turmalina, llamada *schorl* fue usada popularmente para joyas de luto. La palabra schorl es una antigua expresión de minero que significa "materia indeseada". La turmalina fue la piedra favorita del famoso gemólogo George F. Kunz, quien la consiguió para varios coleccionistas, incluyendo museos. También la introdujo en Tiffany & Company.

Esta gema es piezoeléctrica y piroeléctrica. La mayor parte de la turmalina es pleocroica, y es usual encontrar un cristal de mitad un color y mitad otro. La amplia variedad de colores de la turmalina se originan de una serie de compuestos químicos. Pocos de los nombres genéricos son usados actualmente, y las piedras se identifican simplemente por su color o patrón. Por ejemplo, la turmalina sandía es rosada, blanca y verde, como una tajada de la fruta. Pocos de los nombres aún en uso incluyen la *rubelita* (de la palabra latina para "de color rojizo") y *elbaita*, que es la turmalina originaria de la isla de Elba. Esta última es la variedad más utilizada en joyería. La turmalina de Paraiba simplemente describe el área brasileña de la cual proviene. Esta gema tiende a aparecer en azules y verdes muy brillantes.

A la turmalina se le atribuyen poderes curativos y la capacidad de neutralizar la energía negativa. Puede ayudar a adquirir conocimiento y atraer inspiración. Es asociada con la compasión y la meditación. También ayuda a tratar las penas y disipa el miedo para lograr cambios positivos.

Color(es)	Incolora, azul, negra, verde, lila, violeta, parda, rosada, roja, naranja, amarilla.
Asociaciones	Libra; todos los chakras según el color; Venus, Saturno, Plutón; yin.
Usos	Norte (viaje personal/conocimiento); Oeste (creatividad/inspiración); Noreste (sabiduría); Suroeste (pareja); cualquier dirección de acuerdo al color; cualquier dirección negativa (neutralizar energía negativa/protección).

Turquesa

Esta gema toma su nombre de la Edad Media y una palabra del francés antiguo, *turqueise*, que significaba "turco"; las piedras llegaron a Europa del Medio Oriente. Su más antiguo nombre fue *callais*, de las palabras griegas *kallos lithos*, "piedra hermosa". La turquesa es una de las gemas más usadas. Proviene de regiones secas (áridas y semiáridas), y es un mineral secundario en yacimientos de cobre.

El uso de esta piedra preciosa puede remontarse al año 5500 a. de C. en Egipto, donde fue encontrada en la tumba de una reina. También era utilizada para amuletos y pulverizada para cosméticos. Persia, en donde se empleaba para esculturas religiosas, fue la antigua fuente de turquesa fina. Esta es una de las doce gemas del pectoral de Aarón mencionadas en la Biblia.

En China, el uso de la turquesa empezó antes del año 1000. Hindúes y tibetanos la utilizaban y le atribuían la capacidad de traer buena suerte. En partes del Medio Oriente, versos del Corán fueron grabados en placas de turquesa. No se utilizó en Japón hasta el siglo XVIII. En las Américas, la turquesa fue extraída en Nuevo México desde el siglo V y usada por los anasazis, apaches, navajos y zunis. Los aztecas la extrajeron desde aproximadamente el año 900. Algunas tribus del Suroeste norteamericano grababan turquesa para abalorios, y otras la utilizaron como moneda para el comercio con México. Los guerreros ataban la gema a sus arcos como ayuda para hacer lanzamientos precisos.

Aunque el uso de la turquesa data aproximadamente del año 500 a. de C. en Europa Oriental (Siberia), sólo se hizo popular en Europa Occidental a finales de la Edad Media. Pareciéndose al color de la flor nomeolvides, las joyas de turquesa eran dadas para recuerdo y afecto. Tal uso fue documentado por Shakespeare en *El mercader de Venecia*, con el anillo que Leah le da a Shylock.

La calcedonia teñida, vidrio y plástico son usados para imitar esta gema. La turquesa sintética es llamada *neoturquesa* o *neolita*.

Desde los días de la antigua Persia, la turquesa ha sido una piedra de buena suerte. Durante la Edad Media en Europa, se creía que protegía del peligro al caballo y al jinete. También pensaban que cambiaba de color si estaba enferma la persona que la usaba. Esto puede realmente suceder, pues la turquesa es ligeramente porosa y reacciona a aceites, jabones y la transpiración. También es sensible a la luz solar fuerte.

Muchas culturas del Medio Oriente hasta las Américas consideraban a esta gema un símbolo del cielo. Los apaches creían que contenía los poderes de los cielos y el mar. Aún es considerada un "puente" entre el cielo y la tierra, y es usada para limpieza espiritual. La turquesa ha sido llamada la "piedra de la comunicación", y provee un equilibrio de la energía yin/yang. Protege contra la negatividad y puede atraer amor. Es una curadora general.

Color(es)	Azul, verde azulada.
Asociaciones	Acuario, Sagitario, Tauro; chakra de la garganta; Venus, Neptuno, Luna; yin.
Usos	Centro (equilibrio/limpieza espiritual); Norte (viaje personal); Suroeste (pareja/amor); cualquier dirección negativa (protección).

Venturina

Esta gema es un tipo de piedra del Sol, que a su vez es una variedad del feldespato. Diminutos puntos de mica o hematita producen su brillo iridiscente. En China era llamada "Yü imperial". La venturina inició su actual ola de popularidad en el siglo XIX.

Esta gema es poderosa para curar física y emocionalmente, y ha sido llamada la "sanadora del corazón y el alma". Calma la ansiedad, ayuda a encontrar soluciones a los problemas de la vida, y promueve las decisiones correctas. Atrae el éxito en la carrera y fomenta la creatividad. También es una gema tranquilizante.

Color(es)	Principalmente verde, también parda rojiza, ocasionalmente azul.
Asociaciones	Aries; chakra del corazón; Mercurio, Venus, Urano; yang.
Usos	Norte (carrera); Oeste (creatividad); cualquier área/aspecto de la vida que necesite un estímulo emocional; cualquier dirección negativa (soluciones/elecciones/suerte).

Zafiro

Este corindón de óxido de aluminio existe en casi todos los colores excepto el rojo. Como se mencionó en la entrada a rubí, cuando es rojo recibe este nombre. En la antigua India y el Sureste de Asia, se pensaba que los zafiros eran rubíes "inmaturos". En latín es *sapphiru* y en griego *sappheiros* —ambos se refieren al color azul—. El sánscrito *saripruja*, que puede haber estado más cerca a la palabra original para "sapphire" (zafiro en inglés), también se empleaba para la lazurita y el lapislázuli.

La larga historia del zafiro lo ha relacionado con los cielos y los reinos celestiales. Una antigua leyenda persa decía que la tierra se balanceaba sobre un enorme zafiro brillante, cuyo reflejo le daba el color al cielo. Otra leyenda nos dice que los diez mandamientos fueron entregados a Moisés en tablas de zafiro. Por estas razones, los regidores de la iglesia y el estado han usado zafiros como emblemas de su sinceridad y sabiduría.

Esta gema ha sido usada por etruscos, egipcios, griegos y romanos, y fue empleada frecuentemente en la Europa medieval por la realeza, en anillos y prendedores. Las joyas de la corona británica incluyen varios zafiros. Ha sido una gema muy popular desde el siglo XVIII.

Además de su uso como adorno, el zafiro fue utilizado en los siglos XVII y XVIII como uno de los ingredientes minerales en el barniz de los violines de Stradivarius y Guarneri. Algunos creen que el uso de las partículas de cristal es lo que le da a estos instrumentos su bello sonido.

Esta gema es particularmente conocida por su variedad de estrella. Este efecto es causado por diminutas "agujas" de rutilo que se alinean dentro de los planos de la piedra. Hace siglos estas estrellas eran usadas como amuletos y "guías" por los viajeros. También fueron llamadas "piedras del destino", con sus tres líneas simbolizando fe, esperanza y destino. La estrella de seis rayas es común, pero las de doce son raras. También es difícil encontrar el zafiro ojo de gato. Algunos zafiros cambian del color azul en luz natural a violeta. Otro tipo raro de esta gema es la *padparadscha*. Este zafiro rojizo-amarillo-naranja recibió su nombre por el color de la flor de loto. La más antigua fuente de esta piedra se encontraba en Sri Lanka, cerca a Ratnapura, cuyo nombre significaba "ciudad de gemas".

Aunque el zafiro existe en un amplio rango de colores, el más popular es el azul. Muchos son calentados para remover trazas indeseadas que hacen que la gema se vea nublosa, demasiado oscura o muy clara. Los zafiros con colores diferentes al azul son a veces llamados zafiros "de fantasía".

Esta es una gema de sabiduría profética (adquirida con claridad mental e intuición) que ayuda a la persona a encontrar su propósito en la vida. También provee energía curativa.

Color(es)	Azul, verde, rosado, púrpura, violeta, naranja, amarillo, negro, incoloro.
Asociaciones	Acuario, Libra, Virgo; chakras de la corona y el tercer ojo; Neptuno, Luna; yin.
Usos	Noroeste (viajes); Norte (viaje personal); Noreste (sabiduría); Suroeste (amor/dedicación); cualquier parte donde se necesite energía curativa.

Zircón

Esta gema toma su nombre de la palabra persa *zargun*, que era un término compuesto de *zar*, "oro", y *gun*, "color". Era bien conocido en la India, y fue mencionado en la leyenda hindú del kalpa. Este árbol, que fue dado a los dioses como regalo, estaba cargado de frutas de diversas gemas, sus hojas eran de zircón. Esta gema fue popularmente usada por los asirios. Durante el período clásico de Roma y la Edad Media, el zircón amarillo fue apreciado.

El zircón sólo volvió a ser popular en Europa en los años veinte del siglo XX. El incoloro es tan brillante que fue usado extensivamente como un sustituto del diamante, y ha sido a veces llamado *diamante Matura*. El zircón es frecuentemente confundido con la circonia, que es una imitación del diamante creada en laboratorio. Las variedades de zircón incluyen al jacinto, que es mencionado en la Biblia. La variedad azul, llamada *zircón de luz estelar*, es creada calentando zircón amarillo.

Desde la Edad Media, se ha creído que el zircón ayuda al crecimiento espiritual y a promover prosperidad y sabiduría. Esta gema también es útil para encontrar belleza y paz.

Color(es)   Incoloro, azul, verde, pardo, naranja, rojo, amarillo.

Asociaciones   Escorpión, Tauro; chakras de la corona; Sol; yang.

Usos   Centro (armonía/crecimiento espiritual); Norte (viaje personal); Noreste (sabiduría); Sureste (abundancia/prosperidad).

1. Baur y Boušk, *A Guide in Color*, 148.

2. Mitrídates el Grande (muerto en el 63 a. de C.) fue rey de Ponto, un pequeño reino en Asia Menor y ahora parte de Turquía.

3. El trabajo épico del poeta romano Ovidio (nacido en el 43 a. de C.) abarca la historia del mundo.

4. Sofianides y Harlow, *Gems & Crystals*, 187.

5. Baur y Boušk, *A Guide in Color*, 102.

6. Morgan donó su colección al American Museum of Natural History de Nueva York.

7. Sofianides y Harlow, *Gems & Crystals*, 158.

8. Ibid., 38.

9. Ibid., 62.

10. El príncipe Eduardo se hizo conocido como el príncipe negro, pero es incierto si esto se debía al color de su armadura o se refería a su mal genio.

11. Sofianides y Harlow, *Gems & Crystals*, 128.

12. Andrews, *Crystal Balls*, 56.

13. Sofianides y Harlow, *Gems & Crystals*, 51.

14. Heaps, *Birthstones*, 83.

Apéndice A

Cómo comprar gemas y cristales

No hay una forma correcta o equivocada de comprar un cristal o una gema. El único criterio es enfocar la adquisición de estas piedras con la mente y el corazón abiertos. Asegúrese de estar con un buen estado de ánimo. Si tiene un mal día o se encuentra molesto por algún motivo, puede tender a estar menos abierto a recibir las vibraciones de las piedras, debido a que su campo energético puede estar alterado. Si planea una excursión específicamente para comprar piedras para uso en el feng shui, antes de salir de casa tome tiempo para meditar o al menos pensar en el propósito de las piedras que busca.

Planee cómo va a usar las gemas. Con el tiempo tal vez desee acumular una colección para diferentes propósitos, porque las energías particulares que son amplificadas en un uso, pueden no ser lo que usted quiere aumentar en otro uso. Es buena idea hacer una lista de compras para su colección de piedras. Si le pasa lo mismo que a mí, encontrará que es fácil confundirse y desviarse del propósito, como un niño en una tienda de dulces, cuando uno se encuentra frente a una serie de hermosos cristales y gemas.

Cuando vaya a alinear las energías de los chakras, el color de la piedra es más importante que el tipo. Para este trabajo necesitará los tonos más vibrantes que pueda encontrar. Los colores son rojo, naranja, amarillo, verde, azul, índigo y púrpura o violeta. Para terapia con cristales, el color es casi irrelevante, pero deberá conseguir tipos de piedras que posean energías curativas, tales como ágata, ámbar, amatista, calcita, granate, jaspe, lapis, peridoto, sodalita y turquesa. Si planea usarlas en una distribución de piedras para dirigir energía cielo a tierra/tierra a cielo, busque las que tengan punta (esto es fácil con muchos tipos de cristales) o sean algo puntiagudas. Una piedra angular puede tener una punta más pronunciada que las otras. Valórela preguntándose si la energía estaría propensa a fluir en la dirección de esa punta. También podría adquirir un tipo particular de piedra para una situación curativa específica. En este caso, use la guía de éste u otros libros que provean detalles sobre las propiedades curativas de cristales y gemas.

Las piedras usadas específicamente para trabajo con energía elemental, pueden ser seleccionadas por color, tipo, o ambas características. Diríjase a la tabla 2.2, o la tabla 6.1, dependiendo de si está trabajando con flujo de energía elemental occidental o chino. Debido a que hay diferentes elementos en estos dos sistemas, y sus energías interactúan entre sí de forma distinta, lo mejor es adquirir juegos separados de piedras si piensa trabajar con los dos tipos de flujo de energía elemental.

Cuando se trabaja con cristales y gemas en el feng shui, hay tres métodos para utilizar las piedras. Cada uno requiere una forma diferente de seleccionarlas. El método más simple es emplear una piedra de acuerdo al color asociado con cada elemento. Por ejemplo, al trabajar con el elemento fuego, sería usada una roja tal como el granate. Para el metal sería apropiada una gris o blanca, como el cuarzo blanco o la piedra de la Luna. Una alternativa para seleccionar piedras por color elemental, es escogerlas de acuerdo a la forma elemental. Las formas están basadas en el movimiento energético asociado con cada elemento. Por ejemplo, el movimiento energético del fuego es ascendente y la forma asociada es un triángulo. Si puede encontrar una gema o cristal de color rojo, o un peridoto o una obsidiana triangular, aumentará el nivel de energía de ese elemento, porque estará empleando dos de sus atributos asociados. En el caso del metal, su energía se mueve hacia dentro y tiene forma redonda. Una malaquita o azurita redonda, o una piedra blanca o gris, aumentará el nivel de energía de dicho elemento. Diríjase a la tabla 6.2 donde encontrará un listado completo de movimiento energético asociado.

El segundo método para seleccionar piedras emplea componentes de ellas que las asocian con los elementos. En el caso del fuego, el peridoto o la obsidiana serían usados porque ambos son creados por acción volcánica. El peridoto también podría provenir de un ardiente meteoro. Para el elemento metal, la malaquita o la azurita pueden ser utilizadas, ya que contienen más del 50 por ciento de cobre.

Para el tercer método, decida si quiere trabajar con gemas designadas por el mes de nacimiento o por signos del zodiaco. Si va a usar gemas por mes de nacimiento, podría encontrar que las piedras de una lista nacional o antigua resuenan con usted más que las listas de joyero modernas. Siga lo que su corazón le indica que es correcto. Puede usar múltiples piedras, seleccionando otras según el día de la semana y la hora en que nació, además de una piedra que represente un ángel. Cuando quiera influir en un aspecto particular de su vida, o curar una enfermedad, seleccione un tipo de piedra específico con la apropiada energía asociada. Por ejemplo, si va a trabajar en la relación con su madre, ésta (y las relaciones en general) se asocia con la dirección suroeste. El color para dicha dirección es el rosado. Aquí puede ser usado el cuarzo rosado, porque además de su color, está asociado con el fortalecimiento de relaciones. También podría ser empleado el berilo, porque uno de sus colores es el rosado y estimula la comunicación y aceptación.

Si va a usar gemas para curación y, por ejemplo, tiene dolor de cabeza, acuéstese en el sector noroeste (asociado con la cabeza) de su habitación, y ponga sobre su frente una amatista, aguamarina, turquesa o turmalina azul. También sugeriría oscurecer la habitación y usar un tratamiento ligero de aromaterapia con lavanda. Como en los previamente mencionados métodos de utilizar la energía de las gemas, podría buscar piedras con forma elemental apropiada para la dirección en la cual serán empleadas a fin de amplificar la energía.

Al crear sus diversos juegos de gemas, es importante escoger piedras del mismo tamaño para mantener el equilibrio. Cuando esto no se puede hacer —por ejemplo, el peridoto es usualmente disponible sólo en tamaños pequeños—, use varias piedras pequeñas con un volumen agregado que le parezca apropiado. Adquirir las piedras es un asunto personal, y debe confiar en su propia intuición y sus reacciones a gemas individuales. Si dos peridotos lucen y se sienten igual a las otras piedras en un juego, úselos. Si tres son apropiados para usted, adelante.

Cuando vaya a comprar gemas para joyería, deberá encontrar aquellas con menos imperfecciones. Para trabajo energético, a menudo es el caso contrario. Las piedras con inclusiones, escarchas o defectos menores que en joyería serían una detracción, revelan más su verdadero carácter y tienden a liberar energía con mayor facilidad.

Hay muchas fuentes de cristales y gemas. Hoy día, una pregunta común es, "¿será conveniente comprarlas por Internet?". Como todo lo demás en el proceso de adquisición de piedras, depende de usted decidir lo que es apropiado. Yo nunca las he comprado a través de la red, porque prefiero, y usualmente recomiendo, que una gema sea observada y cogida. De esta manera, podrá inmediatamente interactuar con la energía de la piedra y determinar si es adecuada para usted. Comprar en persona también le permitirá ver el tamaño y la forma de la gema, algo que no puede hacer con el Internet. Dicho esto, si no está cerca a una fuente local de cristales y gemas, o si no puede encontrar una tienda especializada en su área, entonces utilice el servicio de la red. Ya que la mayoría de websites también ofrecen ventas por teléfono, podría hablar con alguien que le describa el tamaño y la forma que desea. Revise también la póliza de devolución del vendedor en caso de que no obtenga lo que buscaba.

Los cristales y gemas se encuentran en muchos tipos de tiendas, especialmente aquellas especializadas en artículos de la Nueva Era. También puede encontrarlos en tiendas de baratijas (sea cuidadoso, pues las piedras pueden no estar etiquetadas correctamente o incluso no ser auténticas), locales populares enfocados en la ciencia de la tierra, y tiendas especializadas para jardineros que quieren atraer fauna a sus patios. He adquirido un número de piedras en la tienda local de productos para animales. Las tiendas de los museos son también lugares apropiados para encontrar gemas. Tal vez se sorprenda al observar en las páginas amarillas el título de "tiendas de rocas". Los sitios especializados en rocas y fósiles son grandes fuentes, y puede contar con ellos para identificar correctamente los tipos de piedra menos populares. Esté pendiente de anuncios de ferias y exposiciones de rocas, fósiles y gemas. Éstos son excelentes lugares para encontrar un sensacional compendio de cristales y gemas, además de aprender más sobre ellos.

Cuando haya encontrado un sitio para comprar sus cristales y gemas, y localizado una piedra que esté en su lista, póngala unos momentos en la palma de la mano. Cierre los dedos sobre ella o sosténgala con ambas palmas y sienta su energía. Piense en cómo planea usarla. ¿Va a acentuar un elemento con ella? Si va a utilizarla para el elemento agua, por ejemplo, piense en este líquido. Si la piedra aún se siente bien mientras piensa en un elemento, entonces es la apropiada. No espere que rayos y centellas o un coro de ángeles le indiquen que ha escogido la piedra correcta. Las pistas tienden a ser sutiles, o simplemente "sabrá" cuál es conveniente para usted. También escúchese a sí mismo si algo no se "siente" bien. Tal vez no pueda precisar qué lo hace reaccionar o sentir de cierto modo con una piedra en particular, pero si esto sucede, es obvio que no sería la apropiada para hacer su trabajo energético. Simplemente escuche su corazón.

Las piedras que se encuentre, negocie o reciba de amigos, pueden ser muy especiales. Las encontradas son regalos que directamente le ofrece la madre tierra. Si no está seguro de la identificación de una piedra que ha encontrado, llévela a una tienda de rocas o muéstrela y pregúntele a expertos en el tema. No sea tímido, pues la mayoría se sentirán honrados al compartir sus conocimientos. Cuando intercambie piedras con amigos, sabrá un poco de la historia de esa piedra individual, lo cual puede hacerla más especial para usted. Cualquiera que sea la forma en que una piedra entre a su vida, siga las sugerencias del capítulo 2, a fin de limpiarla y prepararla para el trabajo energético. Incluso una que provenga de su mejor amigo, debería ser preparada antes de ser usada, para que funcione mejor con su propia energía.

Apéndice B

Mitos y nombres erróneos

Algunas indicaciones sobre las gemas no son ciertas. Estas incluyen: todos los zafiros son azules; entre más oscuro sea el color, mejor la calidad de la gema; los diamantes auténticos no se quiebran; y, si es vieja, probablemente es genuina. Ocasionalmente, el nombre de una piedra —tal como la zafirina o la esmeraldina— es creado para asociarla con una gema en particular. El más grande número de impostoras incluye: diakon, diamanita, diamita, diaman-brita, dia-monette, diamonte, diamantina, diamantita y diamatista, todas pasa-das como diamantes. La siguiente lista presenta una corta muestra de nombres engañosos.

Nombre erróneo	Piedra real
Alejandrina	Alejandrita sintética
Amatista del desierto	Cristal
Ámbar negro	Azabache
Azabache de París	Cristal
Citrino ahumado	Cuarzo
Diamante de Hot Springs	Cuarzo
Diamante del Cabo May	Cuarzo
Diamante Matura	Zircón
Diamante negro de Nevada	Obsidiana
Esmeraldina	Calcedonia teñida
Esmeraldita	Turmalina
Jade coreano	Serpentina

Nombre erróneo	Piedra real
Jade inmaturo	Serpentina
Jade manchuriano	Esteatita
Jade suizo	Jaspe teñido
Lapis suizo	Jaspe teñido
Malaquita azul	Azurita
Neolita	Turquesa sintética
Ónix verde	Calcedonia teñida
Ópalo de Ceilán	Piedra de la Luna
Perla de Mallorca	Abalorio revestido
Piedra de la Luna de playa	Cuarzo
Piedra de la Luna azul	Calcedonia teñida de azul
Piedra de la Luna de California	Calcedonia
Rubí americano	Usualmente cuarzo rosado
Rubí brasileño	Topacio rosado
Rubí de Ceilán	Granate
Rubí de Montana	Granate
Rubí de San Diego	Turmalina
Rubí espinela	Espinela
Topacio ahumado	Cuarzo
Topacio anaranjado	Cuarzo
Topacio de Colorado	Citrino
Topacio de Madeira	Citrino
Topacio dorado	Cuarzo o citrino color miel
Turquesa china	Usualmente cuarzo o esteatita
Turquesa de Viena	Cristal
Zafirina	Calcedonia o cristal
Zafiro de agua	Iolita

Apéndice C

Lista direccional de gemas para el feng shui

La siguiente lista ha sido compilada de la segunda parte del libro, a fin de dar un rápido acceso por dirección para la aplicación de la energía de la gema en el feng shui.

Centro

Ágata—equilibrio.

Alejandrita—espiritualidad.

Amatista—equilibrio y armonía, desarrollo espiritual.

Ámbar—equilibrio, tranquilidad.

Ametrino—equilibrio, desarrollo espiritual.

Andalucita—conexión con la tierra, equilibrio, crecimiento espiritual.

Azabache—tranquilidad/armonía.

Azurita—crecimiento y dirección espiritual.

Berilo—crecimiento espiritual, curación.

Citrino—crecimiento y dirección espiritual.

Coral—armonía.

Cornalina—armonía.

Cuarzo rosado—equilibrio (emocional).

Cuarzo—equilibrio (emocional y físico), espiritualidad.

Esfena—trabajo espiritual.

Estaurolita—conexión con la tierra.

Fluorita—armonía, equilibrio, curación espiritual.

Granate—espiritualidad (fe/devoción).

Hematita—equilibrio, conexión con la tierra.

Iolita—crecimiento espiritual, tranquilidad.

Jade—armonía.

Jaspe—conexión con la tierra.

Lapislázuli—tranquilidad/armonía, espiritualidad.

Malaquita—progresión espiritual, equilibrio.

Obsidiana—conexión con la tierra.

Ónix—equilibrio.

Piedra de la Luna—equilibrio.

Piedra del Sol—asuntos espirituales.

Piedra imán—equilibrio, espiritualidad.

Rodocrosita—equilibrio (luz blanca).

Rodonita—equilibrio (a través de una visión más amplia).

Serpentina—equilibrio (kundalini), espiritualidad.

Tsavorita—armonía, equilibrio.

Turquesa—equilibrio, limpieza espiritual.

Zircón—armonía, crecimiento espiritual.

Norte

Andalucita—éxito.

Azabache—viaje personal.

Berilo—viaje personal.

Calcita—carrera.

Citrino—viaje personal.

Diamante—viaje personal.

Esfena—base.

Esmeralda—viaje personal, crecimiento.

Fluorita—encuentra el camino para el viaje personal.

Granate—viaje personal, éxito.

Kunzita—viaje personal (libertad interior).

Lapislázuli—viaje personal.

Malaquita—viaje personal, introspección.

Obsidiana—viaje personal (conocimiento).

Ópalo—viaje personal (visión más amplia).

Peridoto—viaje personal (renacimiento/renovación).

Perla—viaje personal (claridad emocional).
Piedra de la Luna—viaje personal.
Piedra del Sol—viaje personal.
Piedra imán—viaje personal.
Serpentina—viaje personal.
Sodalita—carrera.
Turmalina—viaje personal (conocimiento).
Turqueza—viaje personal.
Venturina—éxito en la carrera.
Zafiro—viaje personal.
Zircón—viaje personal.

Noreste

Ágata—riqueza.
Amatista—sabiduría.
Amazonita—autocultivo.
Ámbar—sabiduría.
Azabache—autocultivo y conocimiento.
Azurita—sabiduría.
Calcita—conocimiento.
Crisoberilo—suerte para atraer riqueza.
Esfena—conocimiento.
Hematita—autoconocimiento, sabiduría.
Jade—sabiduría.
Kunzita—autocultivo.
Labradorita—autocultivo.
Lapislázuli—sabiduría.
Ónix—autocultivo/transformación.
Perla—autocultivo.
Piedra del Sol—autocultivo.
Rodonita—sabiduría.
Rubí—sabiduría.
Sardónice—sabiduría.
Sodalita—sabiduría.

Tanzanita—conocimiento.

Turmalina—sabiduría.

Zafiro—sabiduría (claridad mental/intuición).

Zircón—sabiduría.

Este

Ámbar—conectarse con los ancestros.

Citrino—comunidad (aferrar relaciones).

Coral—comunidad.

Diamante de Herkimer—comunidad (aferrar relaciones).

Diamante—familia/compromiso con la comunidad.

Jaspe—comunidad/familia.

Restañasangre—ancestros.

Rodonita—comunidad (amor por la humanidad).

Sodalita—comunidad.

Sureste

Alejandrita—valor personal y valor neto.

Calcita—recursos personales.

Citrino—valor personal, prosperidad, riqueza.

Cornalina—valor personal.

Diamante—riqueza, abundancia.

Esmeralda—riqueza.

Espinela—riqueza.

Hematita—valor personal.

Iolita—riqueza, recursos.

Labradorita—recursos.

Ópalo—valor personal.

Piedra de la Luna—riqueza.

Restañasangre—atraer abundancia.

Rodocrosita—abundancia (confort).

Rubí—riqueza, valor personal.

Sardio—valor personal.

Tanzanita—recursos personales.

Topacio—abundancia, valor personal.

Zircón—abundancia, prosperidad.

Sur

Alejandrita—éxito y reputación.
Cornalina—enfoque para el éxito.
Fluorita—iluminación.
Labradorita—éxito, reputación.
Malaquita—relaciones (lealtad).
Ópalo—iluminación, reconocimiento.
Peridoto—éxito, reconocimiento.
Piedra imán—reconocimiento, fama.
Sardio—respeto, reconocimiento.
Sodalita—éxito.

Suroeste

Ágata—atraer amor.
Aguamarina—relaciones, amor.
Amazonita—pareja, relaciones.
Ámbar—pareja/matrimonio.
Berilo—relaciones (comunicación).
Citrino—relaciones.
Coral—relaciones.
Crisoberilo—renovación de relaciones.
Cuarzo rosado—relaciones, amor.
Diamante de Herkimer—relaciones (aferrar).
Diamante—amor, relaciones.
Esmeralda—relaciones.
Espinela—relaciones.
Granate—asociación.
Jade—compañeros, amor.
Jaspe—relaciones.
Kunzita—relaciones.
Peridoto—relaciones.
Piedra de la Luna—madre, amor.
Restañasangre—apoyo en relaciones, amor.
Rodocrosita—amor, pareja, relaciones.
Rodonita—amor.

Rubí—amor, relaciones (lealtad).

Sardio—relaciones.

Sardónice—pareja (comunicación), amor.

Sodalita—relaciones.

Topacio—amor, pareja.

Turmalina—pareja.

Turquesa—pareja, amor.

Zafiro—amor (dedicación).

Oeste

Calcita—creatividad, proyectos.

Citrino—estimula la creatividad.

Cornalina—creatividad.

Cuarzo—proyectos, creatividad.

Jaspe—hijos.

Lapislázuli—creatividad.

Ópalo—creatividad (musa).

Piedra de la Luna—creatividad.

Sardónice—proyectos.

Turmalina—creatividad (inspiración).

Venturina—creatividad.

Noroeste

Calcita—benefactores/personas serviciales.

Estaurolita—viajes.

Granate—viajes.

Iolita—personas serviciales.

Peridoto—viajes.

Piedra de la Luna—viajes.

Rodonita—personas serviciales (apoyo emocional).

Rubí—padre, ayudar personas.

Tanzanita—benefactores.

Zafiro—viajes.

Direcciones negativas

Ágata—protección/combatir enfermedades (desgracia).

Aguamarina—valor/protección.

Alejandrita—amuleto de buena suerte.

Amatista—protección/buena suerte.

Amazonita—dispersa la negatividad.

Ámbar—estimula vitalidad (si la cocina o el comedor están en las áreas de desgracia o pérdida).

Ametrino—limpieza.

Azabache—protección/calma y valor.

Azurita—solucionar problemas con comunicación y paciencia.

Calcita—amplifica energía positiva.

Citrino—protección, aumenta la fortaleza, curación.

Coral—protección/limpieza.

Cornalina—suaviza la energía, protección.

Crisoberilo—protección/suerte.

Diamante de Herkimer—limpieza.

Diamante—amuleto de buena suerte.

Esfena—capacidad de pensar las cosas.

Esmeralda—desterrar energía negativa y sortear dificultades.

Espinela—superar obstáculos (contratiempo), enmendar cosas, protección.

Estaurolita—protección/suerte.

Fluorita—buena suerte, protección durante una transición.

Granate—poder personal para conseguir "victoria".

Hematita—mantener el sentido del ser.

Iolita—estabilidad, fomenta la cooperación.

Jade—solucionar problemas, atraer buena suerte.

Jaspe—protección contra la negatividad.

Kunzita—remover obstáculos.

Labradorita—construye vitalidad (úsela cuando la dirección negativa sea en la cocina, el comedor o la alcoba).

Lágrima de apache—protección/suerte.

Lapislázuli—protección.

Malaquita—protección/desterrar la negatividad (áreas de contra-tiempo y dificultad).

Obsidiana—protección/bloquea energía negativa.

Ónix—protección.

Ópalo—símbolo de esperanza.

Peridoto—protección/buena suerte.

Piedra de la Luna—buena suerte.

Piedra del Sol—manejar el miedo.

Restañasangre—remueve obstáculos, neutraliza toxinas, atrae la buena suerte.

Rodocrosita—contrarresta la negatividad con amor.

Rodonita—destierra el caos con calma.

Rubí—protección.

Sardio—protección.

Sodalita—resolver problemas.

Tanzanita—manejar cambios/hacer frente a problemas (dificultad).

Turmalina—neutralizar energía negativa, protección.

Turquesa—protección.

Turquesa—protección.

Venturina—encontrar soluciones, hacer la elección correcta, suerte.

General

Alejandrita—usar donde se necesite curación.

Amatista—manifiesta cambios, curación general.

Ámbar—estimula el cambio.

Andalucita—manifiesta cambios.

Benitoita—entendimiento emocional.

Berilo—curación, aceptación.

Crisoberilo—atrae suerte.

Cuarzo rosado—curación emocional.

Cuarzo—amplificar fortalezas, transformación.

Diamante de Herkimer—mueve y aumenta la energía.

Diamante—dirección de la longevidad.

Espinela—curación, manejar dolor/pena, protección.

Estaurolita—suerte.

Fluorita—estimula vitalidad.

Iolita—estabilidad.

Jade—direcciones positivas: vida y longevidad.

Kunzita—apoyo emocional.

Malaquita—alcanzar objetivos.

Ónix—transformación en cualquier aspecto de la vida.

Peridoto—buena suerte, vitalidad.

Piedra del Sol—aliviar el estrés.

Piedra imán—motivación, dirección.

Rodocrosita—amor y protección, apoyo para transiciones.

Sardio—curación general.

Topacio—mover energía, aliviar tensiones.

Turquesa—curación.

Venturina—estímulo emocional.

Zafiro—curación.

Glosario

Amuleto—Una piedra u otro objeto grabado con un símbolo significativo que emana su poder a quien lo usa. También se conoce como talismán.

Anterior secuencia celestial—Una configuración de los ocho trigramas donde son posicionados para representar un universo perfecto.

Asterismo—La dispersión tipo estelar que presenta la luz debido a diminutas "agujas" distribuidas en varias direcciones dentro de un cristal.

A. de C. (antes de Cristo)—Un método no religioso para indicar fechas antes del año 1 de la era moderna.

Bagua—El símbolo octagonal que contiene los ocho trigramas del *I Ching*, los cuales representan las energías básicas que forman el mundo.

Chakras—Los siete centros de energía del cuerpo.

Chi—La energía vital que fluye en todas las cosas.

Criptocristalina—Una estructura cristalina que es muy pequeña para ser vista a ojo.

Cuadrado mágico—*Vea* cuadrante de Lo Shu.

Cuadrante de Lo Shu—Una cuadrícula de tres por tres —el cuadrado mágico— que contiene una distribución de nueve números que suman quince, sin importar en qué dirección son sumados. También se conoce como *mapa del río Lo*.

Cuna de la madre tierra—Esta es una configuración —terreno más alto detrás de un panorama abierto enfrente— que es creada cuando una estructura es envuelta por el paisaje y se encuentra en armonía con él. El palacio de Cnosos en Creta, el templo el Delfos, Stonehenge y muchos sitios antiguos muestran esta cuidadosa localización. Esta configuración es muy similar al paisaje sugerido por los animales guardianes chinos utilizados por la "escuela de la forma".

Dicroismo—Pleocroismo en dos direcciones. Una piedra mostrará uno o dos colores, dependiendo de la dirección de la cual es observada.

Dirección de poder—La dirección desde la cual un individuo puede adquirir fuerza personal. Se determina localizando el *número lo shu* de la persona en la brújula *pa tzu*. El elemento relacionado con la dirección de poder también posee un potencial significativo.

Eje—Una línea imaginaria que atraviesa un cristal, alrededor de la cual están sus caras.

Elementos—El feng shui tradicional utiliza cinco elementos: madera, tierra, fuego, agua y metal. Los elementos incorporan los tipos de energía arquetípica que forma todas las cosas y simbolizan los procesos de cambio. Las interacciones entre ellos producen un ciclo continuo de crecimiento y decadencia.

Escuela de la brújula—*Vea* Escuela del pa kua y Lo Shu.

Escuela de la forma—Una disciplina del feng shui que utiliza formas del terreno y símbolos de animales al valorar y trabajar con energía.

Escuela del pa kua y Lo Shu—Una disciplina del feng shui que basa sus métodos en una combinación del *pa kua* de ocho lados y el *cuadrante de Lo Shu*.

Espejo de adivinar—Un espejo negro y muy brillante, usado en lugar de un cristal para adivinar. Esto se hace enfocando los ojos y la atención en el espejo, hasta lograr un estado de trance por el cual uno está abierto a la adivinación.

Flechas secretas—*Vea* Flechas venenosas.

Flechas venenosas—Energía aguda, recta destructiva. También son llamadas *shars*.

Grupo energético—Un grupo que contiene cuatro direcciones. El grupo energético del Este consiste en Este, Norte, Sur y Sureste. El grupo del Oeste está conformado por las direcciones Oeste, Noroeste, Noreste y Suroeste. Cada uno indica los puntos de poder o las direcciones auspiciosas de una persona.

Hexagrama—Una combinación de dos trigramas del *I Ching*. Los pares de líneas representan cielo, hombre y tierra, y simbolizan un patrón o condición particular.

I Ching—*Libro de cambios*; antiguo libro chino de filosofía y adivinación. Utiliza sesenta y cuatro hexagramas que representan todas las combinaciones de la condición humana.

Lou pan—La herramienta de referencia básica de la "escuela de la brújula" del feng shui. Consiste en anillos concéntricos que están relacionados con los trigramas, elementos, direcciones y otros atributos. Una brújula magnética está localizada en su centro.

Lustre—Forma por la cual la luz es reflejada de la superficie de una gema.

Magma—Roca fundida que no es estacionaria.

Mapa del río Lo—*Vea* cuadrante de Lo Shu.

Número kua—*Vea* Número lo shu.

Número lo shu—Basado en el género y año de nacimiento de una persona; se utiliza en conjunto con la brújula *pa tzu* para determinar la dirección personal y energía elemental del individuo.

"Ojo de gato"—El nombre técnico es *catoyancia*. Este fenómeno es causado por la dispersión de la luz debido a "agujas" paralelas dentro de un cristal.

Pa kua—*Vea* bagua.

Pa tzu—Una versión simplificada del *lou pan*, que contiene un trigrama, un elemento, un número *lo shu* y la identificación del grupo energético para cada una de las nueve direcciones. En el feng shui Wicca/Pagano se conoce como *brújula de la rueda del año*.

Piezoeléctrico—Una propiedad de algunos minerales, por la cual liberan una carga eléctrica cuando se aplica presión.

Piroeléctrico—Una propiedad de algunos minerales, por la cual liberan una carga eléctrica cuando son calentados o enfriados.

Pleocroismo—Un fenómeno causado por la estructura cristalina, el cual hace que una gema muestre diferentes colores cuando es vista desde distintas direcciones.

Puntos de poder—Tres direcciones (además de la dirección de poder de un individuo) desde las cuales uno adquiere poder personal. Se determina localizando el número *lo shu* en la brújula *pa tzu*/rueda del año donde está referenciado un grupo energético.

Refracción—La desviación de una onda lumínica dentro de una gema.

Rincón de la riqueza—Un área de la sala determinada por su ubicación respecto a la entrada principal de la casa.

Sha o Shar chi—Energía negativa, desbalanceada y disruptiva. También se conoce como la respiración destructiva o flecha venenosa.

Shars—*Vea* Flechas venenosas.

Sheng chi—Energía positiva donde el yin y el yang están equilibrados. También es llamado el *aliento cósmico del dragón*.

Talismán—Una piedra u otro objeto grabado con un símbolo significativo que emana su poder a quien lo usa. También es conocido como *amuleto*.

Tres principios—Los tres pasos a dar cuando se desarrolla el feng shui: conciencia de los problemas, modificaciones para protegerse de la energía negativa, y activación de la energía positiva.

Tricroismo—Pleocroismo en tres direcciones. Una piedra mostrará uno de tres colores, dependiendo de la dirección desde la cual es observada.

Wu Xing—En chino, los cinco elementos son llamados *Wu Xing*: *Wu* es "cinco" y *Xing* significa "moverse". Este es el significado de los elementos —ciclos de movimiento y cambio—.

Yin y yang—Fuerzas que mantienen unido el universo y están presentes en todas las cosas. Uno no existe sin el otro, y cada uno contiene un poco del otro. Para que una persona exista en totalidad, las energías yin y yang dentro de ella deben estar en equilibrio.

Bibliografía

Andrews, Ted. *Crystal Balls & Crystal Bowls: Tools for Ancient Scrying and Modern Seership.* St. Paul, Minn.: Llewellyn Publications, 1998.

Baur, Jaroslav, and Vladimir Bousk. *A Guide in Color to Precious & Semiprecious Stones.* Secaucus, N.J.: Chartwell Books, Inc., 1989.

Berger, Ruth. *The Secret Is in the Rainbow: Aura Interrelationships.* York Beach, Maine: Samuel Weiser, Inc., 1986.

Bowman, Catherine. *Crystal Awareness.* St. Paul, Minn.: Llewellyn Publications, 1997.

Chaucer, Geoffery. *The Canterbury Tales.* Reimpresión, London: Penguin Books, 1988.

Cunningham, Scott. *Cunningham's Encyclopedia of Crystal, Gem & Metal Magic.* St. Paul, Minn.: Llewellyn Publications, 2001. También publicado en español. *Enciclopedia de cristales, gemas y metales mágicos.* St Paul, Llewellyn en español, 1999.

Dolfyn. *Crystal Wisdom: Spiritual Properties of Crystals and Gemstones.* Oakland, Calif.: Earthspirit, Inc., 1989.

Govert, Johndennis. *Feng Shui: Art and Harmony of Place.* Phoenix, Ariz.: Daikakuji Publications, 1993.

Graham, Lanier. *Goddesses in Art.* New York: Artabras/Abbeville Publishing Group, 1997.

Heaps, Willard A. *Birthstones.* New York: Hawthorn Books, Inc. 1969.

Hepker, Steven. "Tried and True: Old Standbys Hold Their Own on Drugstore Shelves." *The Star-Ledger* (Newark, N.J.), Enero 30 2001, 41.

Jangl, Alda Marian, and James Francis Jangl. *Ancient Legends of Gems and Jewels.* Coeur D'Alene, Idaho: Prisma Press, 1989.

Judith, Anodea. *Wheels of Life: A User's Guide to the Chakra System.* St. Paul, Minn.: Llewellyn Publications, 1996.

Kunz, George Frederick. *The Curious Lore of Precious Stones.* Philadelphia: J. B. Lippincott Company, 1913.

Lin, Jami, comp. and ed. *Contemporary Earth Design: The Feng Shui Anthology.* Miami: Earth Design, Inc., 1997.

Mercer, Ian F. *Crystals.* Cambridge, Mass.: Harvard University Press, 1990.

Pollack, Rachel. *The Body of the Goddess.* Rockport, Mass.: Element Books Limited, 1997.

Robinson, George W., Ph.D. *Minerals: An Illustrated Exploration of the Dynamic World of Minerals and Their Properties.* New York: Simon and Schuster, 1994.

Rossbach, Sarah. *Feng Shui: The Chinese Art of Placement.* New York: Penguin, 1991.

Service, Alastair, and Jean Bradbury. *The Standing Stones of Europe: A Guide to the Great Megalithic Monuments.* London: George Weidenfeld & Nicholson Limited, 1997.

Sofianides, Anna S., and George E. Harlow. *Gems & Crystals from the American Museum of Natural History.* New York: Simon and Schuster, 1990.

Spear, William. *Feng Shui Made Easy: Designing Your Life with the Ancient Art of Placement.* New York: HarperCollins, 1995.

Starhawk. *The Spiral Dance.* San Francisco: Harper SanFrancisco, 1989.

Streep, Peg. *Sanctuaries of the Goddess: The Sacred Landscapes and Objects.* Boston: Bulfinch Press, 1994.

Too, Lillian. *Basic Feng Shui.* Adelaide, Australia: Oriental Publications, 1997.

———. *The Fundamentals of Feng Shui.* Boston: Element Books, Inc., 1999.

Webster, Richard. *Feng Shui for Beginners: Successful Living by Design.* St. Paul, Minn.: Llewellyn Publications, 1999.

White, John Sampson. *Minerals and Gems*. Washington, D.C.: Smithsonian Institution Press, 1991.

Woodward, Christine, and Roger Harding. *Gemstones*. London: The Natural History Museum, 1988.

Wu Xing (miembros: Joanne O'Brien, Martin Palmer, Eva Wong, Zhao Xiaomin). *The Feng Shui Workbook*. Boston: Charles E. Tuttle Co., Inc., 1998.

Índice